MW01041965

Pratique de la grammaire

NIVEAU INTERMÉDIAIRE 1

Deuxième édition

Simonne Venisse-Fam

Série dirigée par
Alain Favrod
Department of French Studies, York University

Toronto

Canadian Cataloguing in Publication Data

Venisse-Fam, Simonne
  Pratique de la grammaire : niveau intermediaire 1

(Serie Ateliers)
2e ed.
ISBN 0-201-65423-7

1. French language – Textbooks for second language learners.* 2. French language – Grammar – problems, exercises, etc. 3. French language – Orthography and spelling – Problems, exercises, etc. 4. French language – Composition and exercises. I. Title. II. Series.

PC2128.V45 2000   448.2'4   C00-930039-2

ISBN 0-201-65423-7

Vice President, Editorial Director: Michael Young
Art Director: Mary Opper
Acquisitions Editor: Kathleen McGill
Developmental Editor: Laura Paterson Forbes
Production Editor: Matthew Christian
Copy Editor: Elizabeth d'Anjou
Production Coordinator: Wendy Moran
Cover Design: ArtPlus
Interior Design: Ghislaine de Cotret
Page Layout: Ghislaine de Cotret and Debbie Kumpf

1 2 3 4 5   05 04 03 02 01

Printed and bound in Canada.

Table des matières

La série ateliers iv

Sources v

Introduction vi

un   Le présent de l'indicatif et l'impératif 1

        A La terminologie
        B La phrase simple
        C Les homonymes

deux   Les noms et les déterminants 16

        A La phrase simple (suite)
        B Les homonymes
        C L'orthographe

trois   Adjectifs qualificatifs, adverbes et comparaison 39

        A L'utilisation des adjectifs qualificatifs dans la description
        B Les homonymes
        C La terminologie grammaticale

quatre Les pronoms personnels et les pronoms *y* et *en* 61

        A L'utilité et les difficultés de l'utilisation des pronoms
        B Les homonymes
        C Les notions d'analyse grammaticale

cinq   Les temps du passé (passé composé, imparfait,
        plus-que-parfait) 79

        A L'utilisation des préfixes et des suffixes
        B Les mots de transition
        C Les homonymes

six   Le futur et le conditionnel, la phrase hypothétique 99

        A L'hypothèse
        B La phrase hypothétique
        C Les homonymes

sept   Les pronoms relatifs, interrogatifs et indéfinis 118

        A Les synonymes
        B Les homonymes

huit   Le subjonctif; révision de l'emploi des temps 134

        A Le temps: Expression de la durée
        B Les prépositions et les verbes
        C Les homonymes

Réponses aux exercices 151

La série ateliers

La série *Ateliers* a pour but de fournir aux étudiant(e)s et aux professeur(e)s de français langue seconde des «manuels-cahiers» qui ciblent chacun une seule compétence linguistique, et ceci à chaque niveau de l'apprentissage.

Cette série de manuels-cahiers met l'accent sur:

1. **la qualité du contenu**

   - textes contemporains francophones
   - mise en page claire
   - exercices conçus pour faire pratiquer au maximum
   - exercices variés
   - pédagogie adaptée au contexte universitaire

2. **la flexibilité de l'emploi**

   - les manuels-cahiers peuvent former la base d'un cours
   - les manuels-cahiers peuvent compléter un autre livre dans lequel une compétence linquistique n'est pas enseignée
   - les manuels-cahiers peuvent compléter un autre livre où manquent les exercices pratiques
   - les manuels-cahiers peuvent s'utiliser indépendamment pour la révision, le rattrapage ou la préparation aux examens

3. **l'évaluation**

   - de nombreux exercices peuvent se corriger indépendamment à l'aide du corrigé
   - les chapitres comprennent soit des tests soit des exercices d'évaluation

Alain Favrod

Remerciements

Je voudrais chaleureusement remercier Alain Favrod' qui m'a donné la possibilité de mener à bien un projet qui me tenait à cœur. Ses directives claires et précises m'ont permis d'utiliser plus efficacement le matériel pédagogique que j'avais réuni.

Simonne Venisse-Fam

Sources

p. 1: Marie-Claude Ducas, «Les pagettes à l'école», dans *L'actualité*, février 1995.

p. 3: Michel Tournier, *Le Miroir des idées*.

p. 5: Michel Tournier, *Le Miroir des idées,* © Mercure de France 1994.

p. 6: Agence Régionale du Tourisme et des Loisirs d'Ajaccio, brochure 1999.

p. 7: Guillaume Le Touze, *Comme mon père*, Éditions de l'Olivier.

p. 8: Alfred Jarry, *Ubu roi*, Éditions Fasquelle.

pp. 10-11: Raymond Queneau, *Exercices de style,* © Éditions Gallimard.

p. 13: Simone de Beauvoir, *Journal de guerre*, © Éditions Gallimard.

p. 14: Marcel Bénahou, *Jette ce livre avant qu'il soit trop tard*, Éditions Seghers.

p. 14: Hervé Bazin, *Le Matrimoine*, Éditions du Seuil.

p. 22: Jacques Prévert, «Inventaire», dans *Paroles*, © Éditions Gallimard.

p. 23: Marguerite Duras, *La vie matérielle*, Éditions POL.

p. 24: Tahar ben Jellhoun, *La nuit sacrée*, Éditions du Seuil.

p. 25: Jacques Prévert, «Pater Noster», dans *Paroles*, © Éditions Gallimard.

p. 26: Jules Supervielle, «Ce peu», dans *Choix de poèmes*, Éditions Gallimard.

p. 27: Michèle Fitoussi, «Place aux vieux», dans *Elle*, 7 janvier 1994.

p. 37: Marguerite Duras, *Les Impudents*, © Éditions Gallimard.

p. 45: Joseph Kessel, *Les Cavaliers*, © Éditions Gallimard.

pp. 46-47: *Le Nouvel Observateur*, janvier 1983.

p. 48: Pierre Daninos, *Les Carnets du Major Thompson*, © Hachette 1954.

p. 49: Jules Roy, «Paris», dans *L'Âme en peine*.

pp. 54-55: Lucien Bodard, *Les Grandes Murailles*, Éditions Grasset.

p. 57: *Le Nouvel Observateur*, 14 mai 1998.

p. 58: Guy de Maupassant, «Les prisonniers».

p. 66: Jacques Prévert, «Quand tu dors», *Histoires*, Éditions Gallimard.

p. 67: Georges Simenon, *Le Fou de Bergerac*. Reproduit avec l'autorisation de l'Administration de l'œuvre de Georges Simenon.

p. 68: Lucien Bodard, *Anne Marie*, Éditions Grasset.

p. 73: Marguerite Duras, *Écrire*, © Éditions Gallimard.

p. 76: Raymond Lévesque, «Chez nous», dans *Quand les hommes vivront d'amour*, © Éditions TYPO 1989.

p. 80: Albert Camus, *L'Étranger*, © Éditions Gallimard.

p. 82: Romain Rolland, *Jean-Christophe*

p. 83: Jacques Prévert, *Les feuilles mortes*

p. 84: Simone de Beauvoir, *Simone de Beauvoir et le cours du monde*

p. 85: Jacques Prévert, «La batteuse», dans *Paroles*, © Éditions Gallimard.

p. 86: Amin Maalouf, *Le Rocher de Tanios*, Éditions Grasset.

p. 87: Nicolas Bouvier, *Le Poisson-Scorpion*, Éditions Gallimard.

p. 88: Simone de Beauvoir, *Tout compte fait*, © Éditions Gallimard.

p. 89: Albert Camus, *Le Premier Homme*, © Éditions Gallimard.

pp. 91-92: Raymond Queneau, *Exercices de style,* © Éditions Gallimard.

p. 95: Marguerite Duras, *L'Amant*, Éditions de Minuit.

p. 95: Albert Camus, *L'Étranger,* © Éditions Gallimard.

p. 96: Eugène Ionesco, «Un conte pour enfants de moins de trois ans», dans *Présent passé, passé présent*, © Mercure de France 1968.

p. 99: Marcel Mouloudji et Georges van Parys, «Un jour tu verras», © 1957 Les Nouvelles Éditions Meridian. Administered by Southern Music Publishing Co. (Can.) Inc.

p. 104: Raymond Queneau, *Exercices de style*, © Éditions Gallimard.

p. 105: Michel Butor, *La Modification*, Éditions de Minuit.

p. 106: *L'Express*, mars 1995.

p. 107: Jacques Prévert, *In Fatras*, Éditions Gallimard

pp. 107-108: Paroles et musique de Maxime Le Forestier, «Mon-frère», 1970 Chappell S.A. droits transférés à Warner Chappell Music France.

p. 111: Jean Tardieu, *Comme ceci comme cela*, © Éditions Gallimard.

p. 113: *Ça m'intéresse*, novembre 1989.

p. 114: Françoise Mallet-Joris, *La Maison de papier*, Éditions Grasset.

p. 116: Michel Vastel, «Le "changement" c'est lui!», dans *L'actualité*, 15 décembre 1995.

p. 123: Jacques Prévert, «Le message», dans *Paroles*, © Éditions Gallimard.

p. 124: Georges Perec, *Les Choses*, Julliard.

p. 125: Jean-Paul Sartre, *Les Jeux sont faits*, © Éditions Gallimard.

p. 126: Henri Alain-Fournier, *Miracles*, © Librairie Arthème Fayard 1986.

p. 132: Jean-Loup Dabadie, *Bonne Fête Paulette*, Albin Michel.

p. 135: Maryse Condé, *Ségou*, Éditions Robert Laffont.

pp. 138-139: Marcel Aymé, *Lucienne et le boucher*, Éditions Grasset.

p. 140: Andrei Makine, *Le Testament français*, Éditions Mercure de France.

p. 141: Eugène Ionesco, *Exercices de conversation et de diction françaises pour les étudiants américains*, dans *Théâtre V*, © Éditions Gallimard.

p. 142: *L'actualité*, juin 1998.

p. 149: Georges Simenon, *Maigret et son mort*. Reproduit avec l'autorisaation de l'Administration de l'œuvre de Georges Simenon.

introduction

Pratique de la grammaire est un manual-cahier destiné aux étudiant(e)s en faculté du niveau intermédiaire. Son objectif principal est de montrer de la manière la plus concrète possible que le grammaire est un moyen et non un but. C'est en effet un moyen parmi d'autres pour améliorer l'expression orale et écrite. Ce manuel ne saurait donc remplacer le «classique» livre de grammaire qui sera toujours un outil de référence indispensable.

Chaque chapitre comporte six parties:

1. *Diagnostique*, une section comprenant des exercices (avec corrigé) qui permettront à l'étudiant(e) de s'évaluer et, selon les résultats, de se reporter à son livre de grammaire afin de combler les lacunes constatées.

2. *Grammaire*, une section qui présente, en les résumant souvent à l'aide de tableaux, les points essentiels concernant l'objectif grammatical visé. Cette section ne remplace pas le livre de grammaire de référence mais y renvoie.

3. *Textes*, une section comprenant de courts extraits d'auteurs contemporains choisis de manière à montrer à l'étudiant(e) «à quoi sert la grammaire». Ces textes sont très différents les uns des autres — articles de journaux, récits, poèmes, etc. — et ils sont étroitement reliés à un objectif grammatical précis. La partie *Exploitation* qui suit chaque texte permet une réflexion sur le point grammatical étudié.

4. *Exercices complémentaires*, une section comprenant des exercices choisis dans le but de faire réfléchir l'étudiant(e) à la difficulté spécifique du point de grammaire. La plupart des exercices ont un corrigé.

5. *De la grammaire à l'écriture*, une section où l'étudiant(e) doit faire le lien entre la connaissance théorique et le réemploi des structures grammaticales.

6. *Test*, une épreuve qui reprend les éléments étudiés dans le chapitre.

UN

LE PRÉSENT DE L'INDICATIF ET L'IMPÉRATIF PRÉSENT

Diagnostique

exercice

1 ## Les téléavertisseurs

(réponses, p. 151)

Mettez les verbes entre parenthèses au présent de l'indicatif.

Les «pagettes» (**a.** entrer) _____ à l'école. Jean Lacoste, qui (**b.** avoir) _____ dix-neuf ans et qui (**c.** être) _____ étudiant en administration, ne (**d.** se séparer) _____ plus de son téléavertisseur.

Dans certains cégeps, les «pagettes» (**e.** être) _____ en train de se multiplier. Leur perfectionnement récent (**f.** contribuer) _____ à leur nouvelle popularité: en plus du numéro à rappeler, certains (**g.** afficher) _____ des messages détaillés ou (**h.** donner) _____ accès à une boîte vocale. Tout ça à un coût moindre que les téléphones cellulaires, où l'on (**i.** payer) _____ chaque minute d'utilisation.

«Mes parents (**j.** être) _____ d'accord, (**k.** dire) _____ Jacques Lacoste. Ils ne (**l.** vouloir) _____ plus prendre mes messages à longueur de journée.» Mais ce jeune homme (**m.** être) _____ aussi propriétaire d'une entreprise d'entretien ménager qui (**n.** employer) _____ deux personnes à temps partiel. Il (**o.** se servir) _____ donc de son téléavertisseur pour des raisons personnelles autant que professionnelles, tout comme les adultes.

— Tiré de «Les pagettes à l'école» de Marie-Claude Ducas, dans *L'actualité*, février 1995.

exercice

2 ## Que c'est dur d'être jeune!

(réponses, p. 151)

Michèle raconte à sa camarade que ses parents n'arrêtent pas de lui donner des ordres. Mettez les verbes au présent de l'impératif.

Modèle: il est tard, se lever

→ *Il est tard, lève-toi!*

a. ranger ta chambre *range ta chambre* _____

b. faire ton lit *fait ton lit* _____

c. se dépêcher *se dépêche-toi* _____

d. aller promener le chien *va promener le chien* _____

e. ne pas oublier de poster la lettre *n'oublie pas de poster la lettre* _____

f. mettre ton chandail de laine _mets ton chandail de laine_

g. rapporter du lait _rapporte du lait_

h. nettoyer la salle de bain _nettoie la salle de bain_

i. arrêter de regarder la télévision _arrête de regarder la télévision_

j. s'occuper de ton petit frère _occupe-toi de ton petit frère_

k. descendre les livres au sous-sol _descends les livres au sous-sol_

l. toi et ton frère, se taire _toi et ton frère, taisez-vous!_

m. finir tes devoirs _finis tes devoirs._

n. toi et ta sœur, cesser de vous disputer _toi et ta sœur, cessez vous de disputer_

o. essayer d'être de meilleure humeur _essaie d'être de meilleur humeur_

Grammaire

LE PRÉSENT DE L'INDICATIF: LES FORMES

Verbes réguliers

Verbes réguliers en -er, -ir et -re

	aimer	finir	vendre
je/j'	aime	finis	vends
tu	aimes	finis	vends
elle/il	aime	finit	vend
nous	aimons	finissons	vendons
vous	aimez	finissez	vendez
elles/ils	aiment	finissent	vendent

Rappel

1. Les verbes en -er sont tous réguliers à l'exception du verbe aller.

   aller: je vais, tu vas, elle/il va

   nous allons, vous allez, elles/ils vont

2. Certains verbes en -er présentent des particularités orthographiques.

   a. Certains verbes qui ont un é ou e à la fin de l'avant-dernière syllabe de l'infinitif le changent en é devant les terminaisons muettes.

   espérer: j'espère, tu espères, elle/il espère

   nous espérons, vous espérez, elles/ils espèrent

   amener: j'amène, tu amènes, elle/il amène

   nous amenons, vous amenez, elles/ils amènent

   b. Certains verbes en -eler et -eter doublent la consonne l ou t devant les terminaisons muettes.

   appeler: j'appelle, tu appelles, elle/il appelle

   nous appelons, vous appelez, elles/ils appellent

jeter: *je jette, tu jettes, elle/il jette*
nous jetons, vous jetez, elles/ils jettent

c. Verbes en *-ayer, -oyer, -uyer* changent *y* en *i* devant les terminaisons muettes.

nettoyer: *je nettoie, tu nettoies, elle/il nettoie*
nous nettoyons, vous nettoyez, elles/il nettoient

s'ennuyer: *je m'ennuie, tu t'ennuies, elle/il s'ennuie*
nous nous ennuyons, vous vous ennuyez, elles/ils s'ennuient

Dans quelques cas il y a l'option de *y* ou *i*.

payer: *je paie ou paye, tu paies ou payes, elle/il paie ou paye*
nous payons, vous payez, elles/ils paient ou payent

d. Les verbes en *-cer* et en *-ger* ont une modification orthographique à la première personne du pluriel.

commencer: *nous commençons*

manger: *nous mangeons*

Verbes irréguliers

Nous vous conseillons d'utiliser le livre de conjugaisons *Le nouveau Bescherelle* pour vérifier la conjugaison de ces verbes.

Auxiliaires

	être	avoir
je/j'	suis	ai
tu	es	as
elle/il	est	a
nous	sommes	avons
vous	êtes	avez
elles/ils	sont	ont

Verbes *devoir, pouvoir, vouloir*

	devoir	pouvoir	vouloir
je	dois	peux	veux
tu	dois	peux	veux
elle/il	doit	peut	veut
nous	devons	pouvons	voulons
vous	devez	pouvez	voulez
elles/ils	doivent	peuvent	veulent

Quelques autres verbes irréguliers

	boire	faire	savoir	voir
je	bois	fais	sais	vois
tu	bois	fais	sais	vois
elle/il	boit	fait	sait	voit
nous	buvons	faisons	savons	voyons
vous	buvez	faites	savez	voyez
elles/ils	boivent	font	savent	voient

LE PRÉSENT DE L'INDICATIF: LES EMPLOIS

Le présent de l'indicatif exprime un moment situé entre le passé et le future.

Exemple A: «Le rire et les larmes **sont** le propre de l'homme et **n'ont** donc pas d'équivalent dans le monde animal. Ce **sont** deux convulsions involontaires qui **concernent** principalement le visage.»
— Tiré de *Le Miroir des idées* de Michel Tournier.

Analyse:	Dans cet exemple, le présent indique que l'action ou l'état ont une valeur toujours vraie et permanente: il s'agit de ce qu'on appelle le présent absolu.	
Exemple B:	«Je perdais tout mon sang et j'étais un homme mort, si notre charrette ne se fût arrêtée devant une chaumière. Là, je **demande** à descendre, on me **met** à terre.»	
	— Tiré de *Jacques le fataliste* de Denis Diderot.	
Analyse:	Dans cet exemple, le présent exprime un événement passé: il s'agit du présent de narration ou présent historique qui permet d'obtenir un récit plus vivant, plus authentique.	

L'IMPÉRATIF PRÉSENT: LES FORMES

L'impératif présent a trois formes, qui sont tous tirées du présent de l'indicatif.

Verbes réguliers

aimer	finir	vendre
aime	finis	vends
aimons	finissons	vendons
aimez	finissez	vendez

Auxiliaires

être	avoir
sois	aie
soyons	ayons
soyez	ayez

Verbes pronominaux

	se laver		se laver
forme affirmative	lave-toi	*forme négative*	ne te lave pas
	lavons-nous		ne nous lavons pas
	lavez-vous		ne vous lavez pas

L'IMPÉRATIF PRÉSENT: LES EMPLOIS

Le présent de l'impératif est habituellement utilisé pour donner des ordres, mais on peut l'employer pour exprimer l'idée de conseil, de suggestion.

Exemple A:	«Va, cours, vole et nous venge...»	
	— Tiré de *Le Cid* de Pierre Corneille.	
Analyse:	Dans cet exemple, il s'agit manifestement d'ordres directs.	
Exemple B:	«Double-le!... Là, tu as la place de passer! Accélère!... Accélère...	
	— Tiré de *La Dérision* de Henri Troyat.	
Analyse:	Ici, l'impératif est utilisé pour exprimer une suggestion sur un ton clairement exaspéré.	

Pour atténuer un ordre, on emploie soit *veuillez* suivi de l'infinitif soit le conditionnel de politesse.

> *Veuillez patienter.*
> *Voudriez-vous fermer la porte?*

Textes

LE CHAT ET LE CHIEN

Le chat et le chien sont les plus domestiqués de tous les animaux, c'est à dire les mieux intégrés à la maison. Mais ils s'y intègrent de façon bien différente.

On dit du chat que c'est un tigre d'intérieur, un fauve en miniature.

L'indépendance du chat vis-à-vis de l'homme se manifeste de cent façons, notamment par son peu de goût pour les mets sucrés dont raffole le chien mais surtout par son refus d'apprendre les gestes qui rendent service à l'homme. On n'a jamais vu de chat berger, de chasse, d'aveugle. Le chat semble mettre un point d'honneur à ne servir à rien. Il est un ornement, un luxe.

    — Tiré de *Le Miroir des idées* de Michel Tournier, Mercure de France.

petit lexique

aveugle (chien d'—)	*seeing-eye dog*
berger (chien de —)	*sheepdog*
domestiqué(e) (animal)	*pet*
mets (*m*)	*dish*
raffoler	*to be fond of*
rendre service	aider
sucré(e)	*sweet*

EXPLOITATION

1. Relevez les verbes contenus dans le texte et indiquez pour chacun d'eux la forme infinitive.

2. Justifiez l'emploi du présent de l'indicatif.

3. Vous êtes chargé de la rédaction d'un article pour une anthologie intitulée *Le Monde des animaux.* Rédigez un court paragraphe sur un animal de votre choix en utilisant le présent de l'indicatif.

LA CORSE C'EST:

1 000 km de sable, de criques et de golfes. Aux longues bandes de sable de la Côte orientale s'opposent les petites criques mi-rocheuses mi-sableuses des golfes de la côte occidentale, les plages plus sauvages du Cap-Corse ou les falaises calcaires de l'extrême Sud.

La nature partout reine est encore respectée, paysages magnifiques, fleurs étranges avec une exceptionnelle flore indigène mais aussi avec des animaux qui y vivent: mouflons, truites et sangliers.

Entre 600 et 800 m règne le maquis. Au-dessus de 800 m apparaissent les ruisseaux à truites, les forêts de hêtres et de châtaigniers, les pins, les torrents à truites, les lacs, les sommets enneigés de novembre à mai.

La Corse, c'est aussi une vieille terre chargée d'histoire aux nombreux vestiges depuis la Préhistoire, l'Antiquité Grecque et Romaine en passant par les nombreux souvenirs de l'Empereur Napoléon, né à Ajaccio.

—Tiré d'une brochure préparée par L'Agence Régionale du Tourisme et des Loisirs d'Ajaccio.

petit lexique

châtaignier (*m*)	*chestnut tree*
crique (*f*)	*creek*
enneigé(e)	*snow-covered*
falaise (*f*)	*cliff*
flore (*f*)	*flora*
hêtre (*m*)	*beech*
sanglier (*m*)	*wild boar*

EXPLOITATION

1. Justifiez l'emploi du présent de l'indicatif.

2. Rédigez une courte brochure touristique pour présenter une ville ou une région de votre choix.

RENCONTRE AVEC MON PÈRE

Le train dépasse une ville de tôle ondulée et s'arrête un peu plus loin. La gare est au milieu d'une aire vide de terre rouge. Le contrôleur parvient à me prendre dans ses bras, à s'emparer de ma valise dans le porte-bagages et à gagner le couloir en enjambant ceux qui dorment. Les enfants sont fascinés. Quand nous passons sur le quai, devant la vitre du compartiment, ils la cognent en faisant au revoir.

Je n'ai jamais eu autant la trouille de ma vie. Où est-il? À quoi ressemble-t-il? Mon père m'attend entre deux cageots, perdu au milieu d'un océan de courges. Ça y est, j'ai des coliques. Je ne vais tout de même pas mourir tout de suite, là, en arrivant dans les bras de papa.

Papa. C'est dommage, je ne peux même pas pleurer. Il est là, devant moi, je sais que c'est lui et pourtant je ne le reconnais pas vraiment. Il est grand, il est beau et c'est mon père.

Tout à l'heure, je regardais défiler le paysage derrière le carreau du train. Ce n'étaient pas les montagnes qui s'imprimaient sur mes rétines fatiguées. Tout était là devant mes yeux, perdu dans un halo, comme un cadre pour d'autres images. Un flot de souvenirs remontait calmement.

— Tiré de *Comme mon père* de Guillaume Le Touze, Éditions de l'Olivier.

petit lexique

coliques (avoir des —)	*to be scared stiff*
cageot (*m*)	*crate*
cogner	*to knock*
courge (*f*)	*squash*
dépasser	*to pass*
enjamber	*to step over*
tôle (*f*) ondulée	*corrugated iron*
trouille (avoir la —) (*fam.*)	avoir très peur

EXPLOITATION

1. Relevez les verbes contenus dans le texte et indiquez pour chacun d'eux la forme infinitive.

2. Justifiez l'emploi du présent de l'indicatif dans les trois premiers paragraphes.

3. En vous servant du texte étudié comme modèle, rédigez un court récit au passé dans lequel vous intégrerez des passages au présent de narration.

C L'IMPÉRATIF

LE TYRAN UBU

Père Ubu: Apportez la caisse à Novels et le crochet à Nobles et le couteau à Nobles et le bouquin à Nobles. Ensuite, faites avancer les Nobles.

Mère Ubu: De grâce, modère-toi, Père Ubu.

Père Ubu: J'ai l'honneur de vous annoncer que pour enrichir le royaume je vais faire périr tous les Nobles et prendre leurs biens. [...] Amenez le premier Noble et passez-moi le crochet à Nobles.

— Tiré d'*Ubu roi* d'Alfred Jarry, Éditions Fasquelle.

petit lexique

crochet (m)	*hook*
grâce (de —)	*Please!*

EXPLOITATION

1. Donnez l'impératif présent (forme affirmative et forme négative) des verbes suivants.

   a. aller   e. être
   b. avoir   f. faire
   c. se lever   g. voir
   d. savoir   h. lire

2. Montrez la différence de sens entre les impératifs utilisés par le Père Ubu et celui utilisé par la Mère Ubu.

3. Composez un court dialogue en utilisant les verbes à l'impératif présent pour exprimer l'ordre, le conseil ou la suggestion.

Exercices complémentaires

(réponses, p. 151)

1 Le jeu des proverbes

Complétez les proverbes suivants. Les verbes sont tous au présent de l'indicatif. Vous pouvez trouver ces proverbes dans le *Petit Larousse illustré*, à la définition du mot *proverbe*.

a. Qui dort _____

b. L'argent_____

c. Pierre qui roule_____

d. Qui aime bien _____

e. Qui veut la fin_____

f. N'éveillez pas _____

g. Les chiens aboient _____

h. Quand on veut noyer son chien, _____

Pourquoi, selon vous, ces verbes sont-ils au présent de l'indicatif?

_____

2 La politesse

(réponses, p. 151)

Voici une série d'ordres à l'impératif présent. Atténuez ces ordres en utilisant *veuillez* suivi de l'infinitif. Faites tous les changements nécessaires.

Modèle: *Ouvrez les fenêtres.*

⟶ *Veuillez ouvrir les fenêtres.*

a. Fermez la porte. _____

b. Remerciez-la d'être venue. _____

c. Rédigez cette lettre au plus vite. _____

d. Envoyez une copie à la directrice. _____

e. Signez de ma part. _____

f. Apportez-moi un verre d'eau. _____

3 Journal de bord

(à faire corriger)

Rédigez une page de votre journal personnel en utilisant le présent de narration.

_____

_____

_____

4 **Conseils**

(à faire corriger)

En utilisant l'impératif présent à la deuxième personne du singulier et la deuxième personne du pluriel (à la forme affirmative ou négative selon le cas), dressez la liste de conseils donnés à une personne voulant suivre un régime amaigrissant.

- faire de l'exercice régulièrement
- manger trop de pâtisseries
- éviter les aliments trop gras
- se peser une fois par semaine
- vouloir perdre du poids trop rapidement

De la grammaire à l'écriture

Rappelons les éléments constituant la phrase.

A	LA TERMINOLOGIE

PARTIES DU DISCOURS

Articles: le, la, les, une, des, du, au.

Substantifs: jour, midi, plate-forme, autobus, ligne S, côté, parc, Monceau, homme, cou, chapeau, galon, lieu, ruban, voisin, pied, fois, voyageur, discussion, place, heure, gare, saint, Lazare, conversation, camarade, échancrure, pardessus, tailleur, bouton.

Adjectifs: arrière, complet, entouré, grand, libre, long, tressé.

Verbes: apercevoir, porter, interpeller, prétendre, faire, marcher, monter, descendre, abandonner, jeter, revoir, dire, diminuer, faire, remonter.

Pronoms: je, il, se, le, lui, son, qui, celui-ci, que, chaque, tout, quelque.

Adverbes: peu, près, fort, exprès, ailleurs, rapidement, plus, tard.

Prépositions: vers, sur, de, en, devant, avec, par, à, avec, par, à.

Conjonctions: que, ou.

— *Exercices de style* de Raymond Queneau,
Éditions Gallimard.

EXERCICES D'APPLICATION

1. Conjuguez les verbes du texte au présent de l'indicatif (formes *tu, nous, elles*). Attention aux verbes *faire* et *dire*.

2. Trouvez d'autres exemples de prépositions et de conjonctions.

B   LA PHRASE SIMPLE

La phrase simple dit d'une personne ou d'un objet...

1. ce qu'elle fait ou subit

   Valérie mange. Le chien aboie.

2. ce qu'elle est

   Vanessa est grande. Le fer est un métal.

Voici les éléments de la phrase simple avec un attribut:

1. **le verbe**, qui est l'élément fondamental auquel se rattachent les autres éléments. La phrase simple peut avoir un seul verbe ou plusieurs reliés entre eux par la ponctuation ou par une conjonction de coordination (*mais, ou, et, donc, or, ni, car*).

2. **le sujet**, qui désigne la personne ou l'objet qui fait ou subit l'action. Le sujet est généralement un nom ou un pronom. Si c'est un nom, il est précédé d'un article (article défini ou article indéfini).

3. **l'attribut**, qui exprime la qualité ou l'état attribué au sujet. Il est généralement un adjectif, un nom ou un pronom.

La phrase   «Le fer est un métal.»   comporte trois éléments:

- le sujet (*fer* précédé de l'article *le*)
- le verbe (*est*)
- l'attribut (*métal* précédé de l'article *un*).

1. Analysez les phrases suivantes en identifiant sujet, verbe et attribut.

    a. Marie et Pierre sont mes amis.

    b. Tu sembles fatiguée.

    c. Il fait beau.

    d. Elle s'appelle Jacqueline.

    e. L'air est froid et sec.

    f. Le temps paraît incertain et nous sommes indécis.

    g. Le printemps est une belle saison.

    h. Elle passe pour intelligente.

2. Rédigez cinq phrases simples sur le modèle des phrases de l'exercice ci-dessus.

C   LES HOMONYMES

Les homonymes sont des mots de prononciation identique mais qui diffèrent par le sens et l'orthographe.

    1. *a* et *à*

        a = verbe *avoir*, troisième personne du singulier du présent de l'indicatif (ne prend pas d'accent)

        à = préposition (prend toujours un accent grave)

    2. *on* et *ont*

        on = pronom personnel, troisième personne du singulier

        ont = verbe *avoir*, troisième personne du pluriel du présent de l'indicatif

(responses, p. 151)

1. Complétez les phrases suivantes avec *a* ou *à*.

    a. L'argent n'_____a_____ pas d'odeur.

    b. Il _____a_____ encore soif.

    c. Elle _____a_____ beaucoup de choses _____à_____ faire.

    d. _____A_____-t-elle son parapluie?

2. Complétez les phrases suivantes avec *on* ou *ont*.

    a. _____On_____ a souvent besoin d'un plus petit que soi.

    b. Ils _____ont_____ de la chance!

    c. _____On_____ veut toujours plus d'argent.

    d. Elles _____ont_____ le temps de faire ce travail.

A **Relevez les verbes au présent contenus dans le texte ci-dessous et donnez pour chacun d'eux la forme infinitive.** *(16 × 1 = 16 points)*

UN JOURNAL

3 septembre 1939. Dimanche. Je me réveille à 8 h 1/2; il pleut. Cette fois je suis bien réveillée […]; ma première pensée c'est «C'est vrai»; tout de suite besoin d'activité, on ne peut pas rester une minute sans rien faire. […] On se bat toujours en Pologne, il n'y a plus d'espoir. Je descends […]

À midi je passe chez moi; télégramme de Védrine et coup de téléphone de Gégé. […] Ça me fait plaisir d'entendre sa voix […] Je vais chez elle à pied. […] Paris me semble ramassé et individualisé. Les sergents de ville ont de superbes casques neufs et leurs masques en bandoulière dans de petites musettes cachou […] — beaucoup de stations de métro sont barrées avec des chaînes et d'énormes pancartes annoncent la station la plus proche.

— Tiré de *Journal de guerre* de Simone de Beauvoir, Éditions Gallimard.

petit lexique

bandoulière (en —)	*slung across the shoulder*
battre (se —)	*to fight*
cachou	de la couleur brun rouge
casque (*m*)	*helmet*
musette (*f*)	*haversack*
sergent (*m*) (— de ville)	*policeman*

Formes infinitives:

1. _____   7. _____   12. _____
2. _____   8. _____   13. _____
3. _____   9. _____   14. _____
4. _____   10. _____   15. _____
5. _____   11. _____   16. _____
6. _____

B **Relevez les verbes à l'impératif contenus dans le texte ci-dessous et donnez pour chacun d'eux la forme infinitive.** *(9 × 1 = 9 points)*

OUVERTURE

Allons, pose ce livre. Ou plutôt jette-le loin de toi. Tout de suite. Avant qu'il soit trop tard. Pas d'autre issue pour toi, crois-moi, que cette résolution.

Et maintenant, lève la tête. À tes yeux depuis longtemps fatigués, propose le repos des horizons infinis, des grands espaces […] Détourne-les ce lignes perverses. […]

Si tu crois que tu vas rencontrer un homme selon ton cœur […] détrompe-toi, et va chercher ailleurs qui t'écoute ou te console.

—Tiré de *Jette ce livre avant qu'il soit trop tard*
de Marcel Bénahou, Éditions Seghers.

---

petit lexique

ailleurs	*elsewhere*
détromper (se —)	*to disabuse oneself*
poser	*to put down*

Formes infinitives:

1. _____   4. _____   7. _____

2. _____   5. _____   8. _____

3. _____   6. _____   9. _____

C **Complétez le passage suivant en mettant les verbes entre parenthèses au présent de l'indicatif et à la forme appropriée.** *(10 × 1 = 10 points)*

L'AUTORITÉ PATERNELLE DÉFAILLANTE

Il y (**1.** avoir) _____ cette crise d'autorité.

Les enfants (**2.** faire) _____ à peu près ce qu'ils (**3.** vouloir) _____. […] J' (**4.** essayer) _____ bien de réagir. Mais comment, le soir venu, imposer à Nicolas une discipline que, tout le jour, nul ne lui a réclamé? On me (**5.** décourager) _____ vite:

— Tu (**6.** aller) _____ le faire pleurer. Ce petit (**7.** être) _____ si sensible. Je (**8.** laisser) _____ tomber. Parce qu'au fond, je n' (**9.** avoir) _____ pas grande envie d'intervenir. Mes pouvoirs, je n'aimerais pas qu'on me les conteste (et d'ailleurs on ne les (**10.** contester) _____ pas).

—Tiré de *Le Matrimoine* de Hervé Bazin, Éditions du Seuil.

D Mettez les verbes suivants à l'impératif
présent et à la forme indiquée.   *(5 × 1 = 5 points)*

1. (se reposer / singulier) _____

2. (se dépêcher / vous) _____

3. (être / singulier) Ne _____ pas si têtu!

4. (partir / nous) _____

5. (se tracasser / singulier) Ne _____ pas.

E Analysez les deux phrases suivantes et
complétez le tableau.   *(2 × 3 = 6 points)*

1. Cette femme paraît déterminée.

2. Elle deviendra célèbre.

	sujet	verbe	attribut
1.	_____	_____	_____
2.	_____	_____	_____

F Complétez les phrases suivantes
avec à, a, on ou ont.   *(4 × 1 = 4 points)*

1. _____ votre avis, _____ -t-il raison?

2. Comment doit- _____ réagir?

3. Ils n' _____ pas de chance.

(réponses, p. 151)

Résultat du test

$$\frac{\_\_}{50} \times 2 = \frac{\_\_}{100}$$

LES NOMS ET
LES DÉTERMINANTS

Diagnostique

1 Une famille intéressante

(réponses, p. 152)

Mettez les éléments du texte suivant au féminin.

(**a.** Le père) _la mère_ de (**b.** mon beau-frère) _ma belle-sœur_ est (**c.** musicien) _musicienne_ et (**d.** mon cousin germain) _ma cousine germaine_ est (**e.** sculpteur) _sculpteur_ (**f.** Mon beau-père) _Ma belle-mère_ est (**g.** un homme fascinant) _une femme fascinante_ (**h.** Il est maire) _Elle est maire_ de sa ville et (**i.** poète) _poétesse_ à ses moments perdus. Quant à (**j.** mon mari) _ma femme_, c'est une personne exceptionnelle! N'oublions pas (**k.** mes enfants) _mes enfants_. (**l.** Mon fils aîné) _Ma fille aînée_ est (**m.** docteur) _doctoresse_ et (**n.** le plus jeune) _la plus jeune_ est (**o.** architecte) _architecte_.

2 Marie et Pierre

(réponses, p. 152)

Complétez les phrases du texte avec les termes qui conviennent (articles définis ou indéfinis, adjectifs possessifs ou démonstratifs).

Marie est (**a**) _une_ jeune fille heureuse. (**b**) _Cette_ année, elle a réussi à tous (**c**) _ses_ examens et a rencontré (**d**) _un_ garçon très gentil qui est maintenant (**e**) _son_ petit ami. (**f**) _Ce_ jeune homme s'appelle Pierre; il est grand et il a (**g**) _les_ cheveux blonds et (**h**) _de_ jolis yeux bleus. (**i**) _Ses_ parents habitent la même ville que les parents de (**j**) _son_ amie. Ainsi, (**k**) _les_ deux jeunes gens peuvent se voir tous (**l**) _les_ jours. (**m**) _Cet_ été ils vont jouer (**n**) _au_ tennis pendant (**o**) _les_ fins de semaine.

Grammaire

LE GENRE DES NOMS

1. En français, le nom est toujours masculin ou féminin.

2. Pour les personnes, le genre des noms correspond au sexe.

   un étudiant   *une étudiante*

3. En général, on forme le féminin en ajoutant un *e* au masculin.

    un ami   *une amie*

4. Parfois la terminaison du masculin change complètement.

    un musicien   *une musicienne*

    un champion   *une championne*

    un chanteur   *une chanteuse*

    un directeur   *une directrice*

5. Il y a des cas particuliers.

le garçon	*la fille*
l'homme	*la femme*
le monsieur	*la dame*
le roi	*la reine*
le prince	*la princesse*
le père	*la mère*
le fils	*la fille*
l'oncle	*la tante*
le neveu	*la nièce*
le grand-père	*la grand-mère*
le petit-fils	*la petite-fille*
le beau-frère	*la belle-sœur*
le beau-père	*la belle-mère*
le gendre	*la belle-fille*

6. Pour les objets, les choses et les notions abstraites, le genre est arbitraire. Il est donc conseillé de vérifier le genre des noms dans le dictionnaire. Cependant il existe quelques points de repère permettant de trouver le genre de certains noms.

    a. la terminaison

        Sont généralement masculins les noms terminés par:

–age	*le garage, le ménage;* mais *la plage, la nage*
–ment	*le gouvernement*
–eau	*le bateau, le couteau;* mais *la peau, une eau*
–phone	*le téléphone*
–isme	*le nationalisme*
–scope	*le microscope*

        Sont généralement féminins les noms terminés par:

–tion	*la nation*
–sion	*la décision*

–té	*la société*
–ette	*la bicyclette;* mais *le squelette*
–ance	*la ressemblance*
–ence	*la différence*
–ure	*la culture*
–ode/–ade/–ude	*la méthode, la salade, la certitude*
–eur	*la chaleur*
–ie	*la comédie*

    b. la catégorie

       Sont masculins:

les noms de langue	*le russe, le chinois*
les noms d'arbres	*le chêne, le peuplier*
les noms de métaux	*le cuivre, le platine*
les noms des points cardinaux	*le sud*
les noms des saisons	*le printemps*
les noms des jours	*le mardi*
les adverbes employés comme noms	*le dessus*
les noms d'origine anglaise	*le sandwich, le parking*

       Sont féminins:

les noms de sciences	*la physique*
les noms de disciplines intellectuelles	*la sociologie*

7. Les noms d'animaux sont très irréguliers.

le coq	*la poule*
le taureau	*la vache*

LE NOMBRE DES NOMS

1. En général, pour former le pluriel d'un nom on ajoute un *s* au singulier.

    un étudiant ⟶ *des étudiants*

2. Le pluriel des noms peut être différent selon la terminaison du singulier.

Singulier	Pluriel	Exemples	Exceptions
-s, -x, -z	-s, -x, -z	des cas des choix des gaz	
-al, -eau	-aux	des journaux des tableaux des animaux	des bals des carnavals des festivals
-eu	-eux	des cheveux	des pneus
-ail	-ails	des détails des rails	des travaux
-ou	-ous	des fous des sous des clous	des bijoux des cailloux des choux des genoux

hibroux
joyoux

3. Il y a des pluriels tout à fait irréguliers.

un œil ⟶ *des yeux*

un monsieur ⟶ *des messieurs*

L'ARTICLE DÉFINI: LES FORMES

	Masculin	Féminin	Pluriel
Articles définis	le (l')	la (l')	les
Articles avec préposition à	au (à l')	à la (à l')	aux
Articles avec préposition de	du (de l')	de la (de l')	des

L'ARTICLE DÉFINI: LES EMPLOIS

1. L'article défini désigne une chose ou une personne en particulier.

   le livre de Pierre ⟶ *la femme d'aujourd'hui*

2. L'article défini exprime une généralité.

   Le courage est une qualité.

3. L'emploi de l'article défini en français est sensiblement différent de celui en anglais. En français, l'article défini s'emploie obligatoirement devant:

   a. les noms pris dans un sens général

   L'argent ne fait pas le bonheur.

   J'aime le café mais je déteste le thé.

   b. les noms de langues et de disciplines

   Pierre apprend le russe et la chimie.

c. les noms de pays ou de régions géographiques

Les Montagnes Rocheuses sont très impressionnantes.

La Nouvelle-Écosse est une province canadienne.

d. les noms des saisons

J'aime l'été mais préfère le printemps.

e. les noms d'unité de mesure

Le beurre coûte 2 $ le kilo.

f. les noms désignant les titres

Le Gouverneur Général habite à Ottawa.

g. les noms désignant les parties du corps

Pierre a mal aux dents, à la tête et au dos.

L'ARTICLE INDÉFINI ET PARTITIF: LES FORMES

	Masculin	Féminin	Pluriel
Articles indéfinis	un	une	des
Articles partitifs			
forme affirmative	du (de l')	de la (de l')	
forme négative	de (d')	de (d')	

L'ARTICLE INDÉFINI ET PARTITIF: LES EMPLOIS

1. L'article indéfini désigne une catégorie de choses ou de personnes.

   Dans ma chambre, il y a un tapis, une commode, un lit et un fauteuil.

   Dans ma chambre, il n'y a pas de tapis, de commode, de lit ou de fauteuil.

2. L'article partitif s'emploie pour désigner une partie d'un tout ou une quantité indéterminée d'une chose.

   Veux-tu de la soupe ou du potage?

   Je dois acheter du café, de l'eau minérale et du pain.

L'ADJECTIF DÉMONSTRATIF

ci   là
↓   ↓
quelquechose quelque chose
deproche   lointain

	Singulier		Pluriel	
	Masculin	**Féminin**	**Masculin**	**Féminin**
Forme simple	ce (cet)	cette	ces	ces
Forme composée	ce ...-ci	cette ...-ci	ces ...-ci	ces ...-ci
	ce ...-là	cette ...-là	ces ...-là	ces ...-là

Ce livre est à Marie.   *Cette chemise est à Pierre.*

Ces étudiants sont fatigués.   *Ces femmes sont heureuses.*

Je voudrais essayer ce fromage-ci avec ce pain-là.

On utilise *cet* devant un nom masculin qui commence par une voyelle ou un *h* muet.

Cet oiseau est bruyant.

L'ADJECTIF POSSESSIF

Masculin:
· livre · nom fém avc une voyelle
· ami(e)

	Objet(s) possédé(e)(s)			
	Singulier		Pluriel	
Possesseur	**Masculin**	**Féminin**	**Masculin**	**Féminin**
je	mon	ma (mon)	mes	mes
tu	ton	ta (ton)	tes	tes
elle/il/on	son	sa (son)	ses	ses
nous	notre	notre	nos	nos
vous	votre	votre	vos	vos
elles/ils	leur	leur	leurs	leurs

J'ai corrigé ma composition.   *Où est ton frère?*

Mes parents travaillent beaucoup. *Nos amies sont en retard.*

On utilise *mon, ton, son* devant un nom féminin qui commence par une voyelle.

Son histoire est triste.

En français, contrairement à l'anglais, l'adjectif possessif s'accorde en genre et en nombre avec l'objet possédé et non le possesseur.

Pierre a apporté son livre.   *Marie a oublié son devoir.*

Textes

INVENTAIRE

_____ pierre

deux maisons

trois ruines

quatre fossoyeurs

_____ jardin

_____ fleurs

_____ raton laveur

_____ douzaine d'huîtres _____ citron _____ pain

_____ rayon de soleil

_____ lame de fond

six musiciens

_____ porte avec son paillasson

_____ monsieur décoré de _____ légion d'honneur

_____ autre raton laveur

_____ sculpteur qui sculpte des Napoléon

_____ fleur qu'on appelle souci

deux amoureux sur _____ grand lit

[...]

_____ jour de gloire

_____ semaine de bonté

_____ mois de Marie

_____ année terrible

_____ minute de silence

_____ seconde d'inattention

    et...

cinq ou six raton laveurs

_____ petit garçon qui entre à _____ école en pleurant

_____ petit garçon qui sort de _____ école en riant

_____ fourmi

[...]

_____ vache

_____ taureau

[...]

    et...

plusieurs ratons laveurs.

—Tiré de *Paroles* de Jacques Prévert, Éditions Gallimard.

petit lexique

fossoyeur (*m*)	*gravedigger*
fourmi (*f*)	*ant*
huître (*f*)	*oyster*
lame (*f*) de fond	*groundswell*
paillasson (*m*)	*doormat*
raton (*m*) laveur	*raccoon*
souci (*m*)	*marigold*

EXPLOITATION

1. Dans le texte ci-dessus, ajoutez les articles qui conviennent.

2. Donnez le féminin des noms ci-dessous.

   a. musicien

   b. amoureux

   c. frère

   d. sculpteur

   e. fils

   f. garçon

3. Mettez au pluriel les noms qui sont au singulier dans le texte.

4. Trouvez quatre paires d'animaux masculin et féminin (*exemple:* taureau/vache).

5. En vous inspirant du poème de Jacques Prévert, faites l'inventaire de la cave ou du grenier d'une vieille maison.

B — LES NOMS ET LES ARTICLES

LA LISTE D'ACHATS À FAIRE

À Neuphle-le-Château, dans ma maison de campagne, j'avais une liste de produits qu'il fallait toujours avoir à la maison. On a gardé cette liste. Elle est toujours exhaustive. Voici cette liste:

Sel fin – poivre – sucre – café – vin – pommes de terre – pâtes – riz – huile – vinaigre – oignons – ail – lait – beurre – thé – farine – œufs – tomates pelées – gros sel – [...] – pain – fromage – [...] – ampoules électriques – savon [...] – lessive [...] – filtres papier café – plombs électricité – [...]

La liste est toujours là, sur le mur. On n'a ajouté aucun produit que ceux qui sont là.

—Tiré de *La vie matérielle* de Marguerite Duras, Éditions POL.

petit lexique

ampoule (*f*)	*light bulb*
lessive (*f*)	*detergent*
pelé(e)	*peeled*
plomb (*m*)	*fuse*
sel (*m*) gros	*coarse salt*

EXPLOITATION

1. Indiquez le genre (masculin ou féminin) de chacun des noms figurant sur la liste.

2. Reprenez la liste établie par Marguerite Duras en faisant précéder chaque nom de l'expression *je dois acheter* puis de l'expression *je ne dois pas acheter*.

   Modèle: *Je dois acheter du sel fin.*

   Je ne dois pas acheter de sel fin.

3. Dressez la liste de ce dont vous avez besoin pour…

   a. repeindre votre chambre

   b. réparer un vieux meuble

   c. préparer un gâteau au chocolat

C LES ARTICLES INDÉFINIS ET PARTITIFS

UN VENDEUR AU MARCHÉ DE MARRAKECH

«Regardez à présent ce chapelet… du corail, de l'ambre de l'argent… Il a dû appartenir à un imam. Peut-être que la femme le portait comme collier… Des pièces de monnaie, un rial troué… un centime… un franc marocain… Des billets de banque qui n'ont plus de valeur… Un dentier… une brosse… un bol en porcelaine… Un album de cartes postales… J'arrête de sortir ces objets… Nous en avons assez de déposer dans la malle ce qui vous encombre… »

—Tiré de *La nuit sacrée* de Tahar ben Jelloun, Éditions du Seuil.

petit lexique

chapelet (*m*)	*rosary*
dentier (*m*)	*denture*
encombrer	*to clutter*
imam (*m*)	*Muslim religious leader*
malle (*f*)	*trunk*
Marrakech	*important city in the south of Morocco*
rial (*m*)	*Iranian coin*

EXPLOITATION

1. Justifiez l'emploi des articles et de l'adjectif démonstratif utilisés dans l'extrait présenté.

D LES ADJECTIFS POSSESSIFS

PATER NOSTER [Notre père]

Notre Père qui êtes aux cieux
Restez-y
Et nous nous resterons sur la terre
Qui est quelquefois si jolie
Avec ses mystères de New York
Et puis ses mystères de Paris
Qui valent bien celui de la Trinité
Avec son petit canal de l'Ourcq
Sa grande muraille de Chine
[...]
Avec son océan Pacifique
Et ses deux bassins des Tuileries
Avec ses bons enfants et ses mauvais sujets
Avec toutes les merveilles du monde
Qui sont là
Simplement sur la terre
Offertes à tout le monde
[...]
—Tiré de *Paroles* de Jacques Prévert, Éditions Gallimard.

petit lexique

bassin (*m*)	*pond, basin*
muraille (*f*)	*high wall*
sujet (mauvais —) (*m*)	*bad boy*
valoir	*to be worth*

EXPLOITATION

1. Relevez les adjectifs possessifs contenus dans le poème. Quelle remarque pouvez-vous faire concernant l'accord de l'adjectif possessif?

2. En vous inspirant du texte étudié, faites une courte description poétique de votre ville ou de votre région. Utilisez le maximum d'adjectifs possessifs.

E   LES ADJECTIFS DÉMONSTRATIFS

CE PEU

Ce peu d'océan, arrivant de loin,

Mais c'est moi, c'est moi qui suis de ce monde

Ce navire errant, rempli de marins,

Mais c'est moi glissant sur la mappemonde,

Ce bleu oublié, cette ardeur connue,

Et ce chuchotis au bord de la nue,

Mais c'est moi, c'est moi qui commence ici,

Ce cœur de silence étouffant ses cris,

Ces ailes d'oiseau près d'oiseaux sans ailes

Volant, malgré tout, comme à tire d'ailes,

Mais c'est moi, c'est moi dans l'humain souci.

Courage partout, il faut vivre encore

Sous un ciel qui n'a plus mémoire de l'aurore!

—Tiré de *Choix de poèmes* de Jules Supervielle, Éditions Gallimard.

petit lexique

chuchotis (*m*)	*whispering*
étouffant(e)	*stifling*
glisser	*to slide along*
mappemonde (*f*)	*map of the world*

EXPLOITATION

1. Relevez les adjectifs démonstratifs contenus dans le texte.

2. Quelle remarque pouvez vous faire concernant l'accord en genre et en nombre des démonstratifs?

Exercices complémentaires

exercice

1 | L'article défini   (*réponses, p. 152*)

Ajoutez l'article défini qui convient. La terminaison des noms peut vous servir d'indice.

a. _____ société   f. _____ solution
b. _____ rangement   g. _____ courage
c. _____ nationalisme   h. _____ action
d. _____ nature   i. _____ nettoyage
e. _____ magnétophone   j. _____ marteau

exercice

2 | L'article indéfini   (*réponses, p. 152*)

Ajoutez l'article indéfini qui convient. La catégorie à laquelle le nom appartient peut vous servir d'indice.

a. _____ histoire   d. _____ cuivre
b. _____ érable   e. _____ mercredi
c. _____ devant   f. _____ hiver

exercice

3 | Pot-pourri   (*réponses, p. 152*)

Complétez l'extrait suivant avec les articles qui conviennent.

PLACE (a) ____ VIEUX

Il y a eu (**b**) _____ retour (**c**) _____ vieux rockers (Mick, Paul, Tina et les autres). Puis celui (**d**) _____ vieux acteurs. Et voilà que (**e**) _____ vieux sportifs reviennent sur (**f**) _____ devant de (**g**) _____ scène. Nous vivons dans (**h**) _____ monde où ce sont (**i**) _____ vieux qui gardent (**j**) _____ dents longues. (**k**) _____ lobby gris est parti pour durer. (**l**) _____ groupe (**m**) _____ experts européens vient de publier (**n**) _____ résultats d'(**o**) _____ enquête sur (**p**) _____ sujet.

—Tiré de «Place aux vieux» de Michèle Fitoussi, *Elle*.

exercice

4 | Tableau généalogique

(réponses, p. 151)

Regardez le tableau généalogique suivant et répondez aux questions.

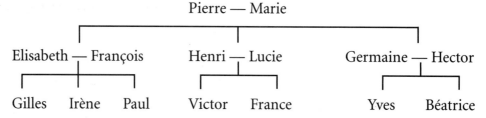

Pierre — Marie

Elisabeth — François   Henri — Lucie   Germaine — Hector

Gilles   Irène   Paul   Victor   France   Yves   Béatrice

Modèle: *Qui est Germaine pour Yves?*

⟶ *Sa mère.*

a. Qui est Pierre pour Paul? — *grand-père*

b. Qui est Irène pour Victor? — *sa cousine*

c. Qui est Gilles pour Béatrice? — *son cousin*

d. Qui est France pour Marie? — *petite-fille*

e. Qui est Lucie pour Yves? — *sa tante*

f. Qui sont Pierre et Marie pour Hector? — *ses parents*

g. Qui est Elisabeth pour Lucie? — *sœur / belle-sœur*

h. Qui est Henri pour Germaine? — *frère / beau-frère*

exercice

5 | Terminaisons du féminin

(réponses, p. 151)

Indiquez par une croix la terminaison du féminin des noms suivants.

		-e	-esse	-elle	-euse	-trice	pas de changement
a.	masseur				x		
b.	acteur					x	
c.	maître		x				
d.	chef						x
e.	comte		x				
f.	rédacteur					x	
g.	jumeau			x			
h.	assistant	x					

28 PRATIQUE DE LA GRAMMAIRE

6 | Terminaisons du pluriel

(réponses, p. 151)

Indiquez par une croix la terminaison du pluriel des noms suivants.

		-s	-x	-aux	pas de changement
a.	gâteau			x	
b.	neveu		✗		
c.	puits	✗			
d.	bal	✗			
e.	chapeau		✗		
f.	feu		✗		
g.	bijou		✗		
h.	trou	✗			
i.	cheval			✗	
j.	travail			✗	

7 | Après le négatif

(réponses, p. 151)

Mettez les phrases suivantes à la forme négative.

a. J'ai des parents qui habitent au Québec.

_____

b. Dans mon jardin, j'ai planté des tulipes.

_____

c. Nous avons acheté des magazines pour lire dans l'avion.

_____

d. Il utilise de l'huile d'olive pour préparer la sauce.

_____

8 Les articles avec les prépositions

(réponses, p. 151)

Complétez les phrases suivantes avec l'article ou la préposition qui convient. Mettez une croix si l'article n'est pas nécessaire.

a. Le Musée des Civilisations qui se trouve _____ Hull contient _____ objets extraordinaires.

b. Elle fait des études pour devenir _____ médecin.

c. Mon ami habite _____ rue Yonge, près de _____ rue Bloor.

d. Louis Pasteur est _____ grand savant _____ siècle dernier.

e. Pierre s'est cassé _____ jambe _____ sports d'hiver.

f. Paul et Marie sont _____ catholiques et non _____ protestants comme je le pensais.

g. Es-tu allé _____ Pérou ou dans _____ autre pays d'Amérique du Sud?

h. François Mitterand était _____ Président _____ France.

i. _____ dimanche, je vais dîner chez mes grands-parents.

j. _____ Président Aristide est retourné _____ Haïti après son exil _____ États-Unis.

9 L'article démonstratif et l'article possessif

(réponses, p. 151)

Remplacez l'article défini entre parenthèses par le démonstratif ou le possessif comme dans les modèles suivants.

Modèles: *À qui est (le) __ce__ parapluie à fleurs?*

⟶ *Quand je suis en voyage, ma mère garde (les) __mes__ enfants.*

a. Qui veut finir (le) _____ gâteau?

b. Voilà (les) _____ billets, madame. Le film commence à 8 heures.

c. Nous allons faire couper (les) _____ arbres pour avoir une belle vue sur la mer.

d. Un conseil: oubliez (les) _____ problèmes.

e. Et (le) _____ chat? Tu l'emmènes avec toi?

f. Vous voyez (la) _____ tour? Elle a plus de 100 mètres.

10 Le genre des noms

(réponses, p. 151)

La maison de M. et Mme Dupont a été cambriolée. Monsieur Dupont se rend au poste de police afin de donner la liste des objets dérobés.

Faites précéder chaque nom de la liste de l'article défini, indéfini ou partitif qui convient.

On nous a volé:

(a) _____ jumelles, **(b)** _____ appareil de télévision dans le salon, **(c)** _____ ordinateur des enfants, **(d)** _____ collier de perles de ma femme, **(e)** _____ vaisselle, **(f)** _____ bague de fiançailles de ma femme, **(g)** _____ moto, **(h)** _____ train électrique de mon fils, **(i)** _____ blouson de cuir, **(j)** _____ manteau de vison de ma femme, **(k)** _____ argenterie

exercice

11 Les articles et les noms de pays

(à faire corriger)

À la différence de l'anglais, les noms de pays sont précédés de l'article défini.

Ajoutez l'article qui convient.

a. Connaissez-vous ____ Espagne?

b. Ils partent pour ____ Mexique

c. ____ Corse et ____ Baléares sont des îles méditerranéennes.

d. ____ Danemark n'est pas très loin de ____ Suède.

exercice

12 Au restaurant

(à faire corriger)

Pierre et Marie consultent la carte :

Menu

Entrées	Viandes	Poissons	Légumes	Desserts
Salade niçoise	Escalope milanaise	Saumon grillé	Haricots verts	Gâteau au chocolat
Crudités	Gigot d'agneau	Truite	Frites	Sorbet à la fraise
Pâté de foie	Poulet rôti	Sole	Pommes sautées	Baba au rhum
Huîtres	Foie de veau	Saumon fumé	Petits pois	Crêpes Suzette

Présentez leur commande en utilisant l'article qui convient.

Exemple: Pierre: je voudrais du gigot d'agneau...

_____

_____

_____

_____

_____

De la grammaire à l'écriture

Dans le chapitre précédent, nous avons étudié les éléments constituant une sorte de phrase simple, c'est-à dire le sujet, le verbe et l'attribut. Voyons maintenant une autre sorte de phrase simple comportant un complément d'objet direct ou un complément d'objet indirect à la place de l'attribut. Regardez de près les phrases suivantes:

1. *L'élève fait ses devoirs.*

   (L'élève fait quoi? Il fait *ses devoirs.*)

   Ses devoirs est un complément d'objet direct (c.o.d.).

2. *Marie rencontre ses amis.*

   (Marie rencontre qui? Elle rencontre *ses amis.*)

   Ses amis est un c.o.d.

3. *Véronique aime chanter.*

   (Véronique aime quoi? Elle aime *chanter.*)

   Chanter est un c.o.d.

4. *Paul parle à son frère.*

   (Paul parle a qui? Il parle à *son frère.*)

   Son frère est un complément d'objet indirect c.o.i.).

5. *Elle répond à la lettre.*

   (Elle répond à quoi? Elle répond à *la lettre.*)

   La lettre est un c.o.i.

6. *Je commence à travailler.*

   (Je commence à quoi faire? Je commence à *travailler.*)

   Travailler est un c.o.i.

Sujet	Verbe transitif		Objet direct
Pierre	*mange*		*une pomme.*

Sujet	Verbe transitif	Préposition	Objet indirect
L'enfant	*obéit*	*à*	*ses parents.*

Un verbe transitif est un verbe qui se construit avec un complément d'objet direct ou indirect. On peut vérifier dans le dictionnaire ou dans un livre de grammaire la construction avec ou sans préposition d'un verbe particulier. Un verbe transitif direct en anglais n'est pas nécessairement transitif direct en français.

   Il cherche ses clés. (verbe transitif direct)

——▶ *He is looking for his keys.* (verbe prenant préposition «*for*» en anglais)

Quelques verbes transitifs directs:

aimer	**croire**	**envoyer**	**savoir**
apercevoir	**déclarer**	**faire**	**voir**

Quelques verbes transitifs indirects:

parler à **obéir à** **répondre à** **téléphoner à**

Quelques verbes transitifs directs et indirects:

donner quelque chose à quelqu'un
dire quelque chose à quelqu'un

EXERCICES D'APPLICATION

1. Dans le texte suivant, identifiez les compléments d'objet direct.

   Recommandations d'une mère à son fils avant d'aller au parc:

   a. Rends la balle à la petite fille.

   b. Ne remue pas la poussière.

   c. Dis bonjour à mon amie, Madame Derand.

   d. Ne touche pas aux fleurs.

   e. N'oublie pas tes jouets.

   f. Amuse-toi bien!

2. Composez deux phrases comportant un complément d'objet direct et deux phrases comportant un complément d'objet indirect.

   _____

   _____

   _____

   _____

B LES HOMONYMES

1. *ses* et *ces*

   ses ⟶ adjectif possessif, troisième personne du pluriel

   ces ⟶ adjectif démonstratif, troisième personne du pluriel

2. *son* et *sont*

   son ⟶ adjectif possessif, troisième personne du masculin singulier

   sont ⟶ verbe *être*, troisième personne du pluriel du présent de l'indicatif

(réponses, p. 151)

Complétez les phrases suivantes avec *ces, ses, son* ou *sont.*

a. Il ne trouve pas ___ses___ clés.

b. C'est toi qui as apporté ___ces___ fleurs?

c. Marie a perdu ___ses___ bagues. Quel dommage!

d. Elle ne s'entend pas avec ___ses___ frères.

e. C'était ___son___ fiancé qui lui avait donné ___ses___ bijoux.

f. Ils ___sont___ fatigués.

C L'ORTHOGRAPHE

Il n'existe pas de recette «magique» pour améliorer son orthographe. On peut rappeler quelques conseils dont celui d'avoir, à portée de la main, deux instruments indispensables: un dictionnaire unilingue français pour vérifier le genre des noms, l'orthographe de mots difficiles et une grammaire de référence afin d'auto-corriger les erreurs de conjugaison, d'accords, etc.

1. Utilisation du dictionnaire unilingue français

a. Utilité et importance du dictionnaire unilingue

Le dictionnaire unilingue permet de vérifier l'orthographe et le genre des noms. Il indique aussi la construction des verbes suivis ou non d'une préposition. Il fournit également les synonymes et les contraires des mots vérifiés. Enfin, il signale le niveau de langue (langue familière, langue usuelle, langue soutenue) auquel appartient le mot que l'on veut utiliser.

b. Conseils d'utilisation du dictionnaire unilingue

1. Se familiariser avec le tableau des signes conventionnels et des abréviations utilisés. Ce tableau se trouve dans les premières pages du dictionnaire.

Exemple: fém. = féminin; *indéf.* = indéfini; *loc.* = locution; *suff.* = suffixe

2. Prendre le temps de lire toutes les définitions.

Exemple: la définition du verbe «mettre» (référence: *Le petit Robert 1*, pages 1193–1194). On peut constater que ce verbe a un sens différent selon le contexte dans lequel il est utilisé.

2. Les accents et les signes orthographiques

a. Les accents

L'utilisation correcte des accents constitue une difficulté particulière du français par rapport à l'anglais.

L'accent grave (`) :

Exemples: père; sévère; je préfère

L'utilisation de l'accent grave est très importante pour différencier des mots homonymes.

Exemples: ou = conjonction de coordination
où = pronom relatif

a = troisième personne du présent de l'indicatif du verbe *avoir*
à = préposition

L'accent aigu (´) :

Exemples: un dé; cassé; ému; préféré

L'accent circonflexe (^)

Exemples: une tâche; une tête; un cône; extrême

b. Les signes orthographiques

Le tréma (¨)

Exemples: haïr; aiguë; Noël

La cédille [ç]

Exemples: façon; reçu; avança; leçon

L'apostrophe ('), qui marque l'élision.

Exemples: l'enfant; l'amour; s'il veut

Le trait d'union (-)

Exemples: un arc-en-ciel; quatre-vingt-dix-huit; «As-tu du temps libre?»

EXERCICES D'APPLICATION

1. Trouvez la signification des abréviations suivantes, qui sont utilisées dans le dictionnaire unilingue *Le petit Robert 1*, pages XXIV, XXV, XXVI, XXVII, XXVIII et XXIX:

   a. *adj.*   e. *ind.*

   b. *angl.*   f. *pop*

   c. *aux.*   g. *tr.*

   d. *cond.*   h. *vulg.*

2. Lisez attentivement la définition du verbe *abaisser* (page 1). Relevez les différentes significations de ce verbe. Trouvez les synonymes et les contraires de ce mot.

3. Étudiez les définitions du mot *livre* (page 1104). Quelle remarque pouvez-vous faire au sujet du genre de ce mot? À quel niveau de langue appartient le nom *bouquin*, présenté comme synonyme?

4. Ajoutez les accents et les traits d'union qui manquent.

 – Ou est elle allee en vacances?

 – Il a oublie de m'apporter mon porte monnaie.

 – Il a rencontre ta belle sœur.

 – C'est toujours la meme chose. Elle a mal a la tete quand on a besoin d'elle.

 – Noël est la fete que nous preferons.

5. Ajoutez une cédille si nécessaire.

a. récit   c. effacer   e. avancait
b. macon   d. apercu   f. recevoir

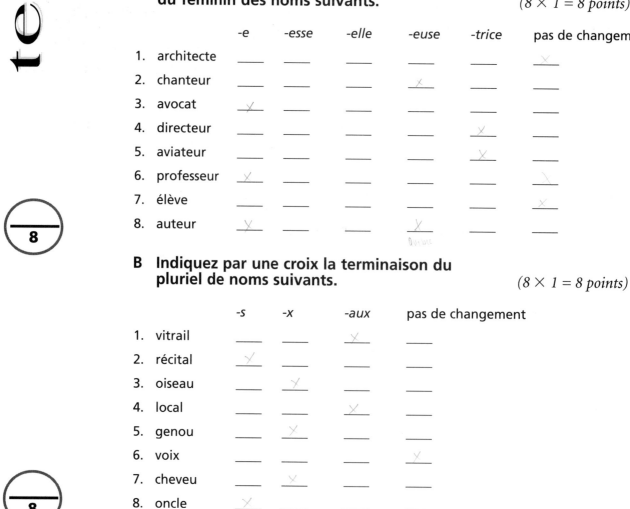

A Indiquez par une croix la terminaison du féminin des noms suivants. *(8 × 1 = 8 points)*

	-e	-esse	-elle	-euse	-trice	pas de changement
1. architecte						X
2. chanteur				X		
3. avocat	X					
4. directeur					X	
5. aviateur					X	
6. professeur	X					\
7. élève						X
8. auteur	X			X		

B Indiquez par une croix la terminaison du pluriel de noms suivants. *(8 × 1 = 8 points)*

	-s	-x	-aux	pas de changement
1. vitrail			X	
2. récital	X			
3. oiseau		X		
4. local			X	
5. genou		X		
6. voix				X
7. cheveu		X		
8. oncle	X			

8

8

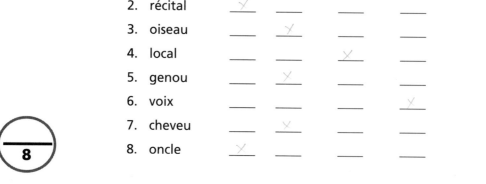

C **Complétez le texte ci-dessous avec les articles (définis, indéfinis, partitifs) ou les prépositions qui conviennent.**

(20 × 0.5 = 10 points)

RECETTE DE LA SANGRIA

Pour réaliser cette délicieuse boisson, il vous faut **(1)** _du_ vin, **(2)** _du_ sucre, **(3)** _de la_ cannelle, **(4)** _des_ fruits de saison, **(5)** _des_ citrons et **(6)** _des_ oranges.
Dans **(7)** _un_ grand pot, versez **(8)** _le_ vin. Ajoutez **(9)** _le_ sucre. Épluchez **(10)** _les_ citrons et **(11)** _les_ oranges. Ajoutez **(12)** _les_ fruits de saison comme **(13)** _une_ poire, **(14)** _une_ pomme, **(15)** _une_ pêche ou **(16)** _des_ framboises. Pour servir, ajoutez **(17)** _des_ glaçons et **(18)** _de l'_ eau gazeuse. On peut aussi ajouter **(19)** _un_ petit verre de cognac. Attention: ne mettez pas trop **(20)** _d'_ eau!

D **Complétez le texte ci-dessous avec les articles qui conviennent.**

(10 × 1 = 10 points)

Maud ouvrit **(1)** _la_ fenêtre et **(2)** _la_ rumeur de **(3)** _la_ vallée emplit **(4)** _la_ chambre. **(5)** _Le_ soleil se couchait. Il laissait à sa suite **(6)** _de_ gros nuages qui s'aggloméraient et se précipitaient comme aveuglés vers **(7)** _un_ gouffre de clarté. **(8)** _Le_ «septième» où ils logeaient semblait être à **(9)** _une_ hauteur vertigineuse. On y découvrait **(10)** _un_ paysage sonore et profond...

—Tiré de *Les Impudents* de Marguerite Duras, Éditions Gallimard.

E **Complétez les phrases suivantes.**

(4 × 1 = 4 points)

1. Ne m'apportez pas _du_ thé.

2. J'ai perdu beaucoup _d'_ argent au poker.

3. Cette semaine, je n'ai pas _de_ temps libre.

4. Ce ne sont pas _des_ enfants bien élevés.

F **Analysez les deux phrases suivantes et complétez le tableau.**   *(2 × 3 = 6 points)*

1. Elle prend toujours l'autobus.

2. Jacques parle à sa patronne.

	sujet	verbe	complément d'objet	
			direct	indirect
1.	Elle	prend	l'autobus	
2.	Jacques	parle		sa patronne.

G **Complétez les phrases suivantes avec *ses*, *ces*, *son* ou *sont*.**   *(4 × 1 = 4 points)*

1. *Son* oncle est architecte.

2. Elles ne *sont* pas contentes.

3. *Ces* étudiants n'ont pas de dictionnaire.

4. *Ses* parents vont faire une croisière.

(réponses, p. 151)

Résultat du test
$\dfrac{\quad}{50} \times 2 = \dfrac{\quad}{100}$

LES ADJECTIFS QUALIFICATIFS, ADVERBES ET COMPARAISON

Diagnostique

1 ## Les adjectifs qualificatifs *(réponses, p. 152)*

Complétez le texte avec les adjectifs de la liste suivante.

vieux	original	intéressant	étroit	curieux
nombreux	réputé	délicieux	romantique	petit

Québec est une ville très **(a)** _____ à visiter. Les touristes **(b)** _____ peuvent trouver beaucoup de choses à faire. Les rues **(c)** _____ de la **(d)** _____ ville offrent de **(e)** _____ possibilités: regarder peindre des artistes **(f)** _____, acheter des souvenirs **(g)** _____ dans les **(h)** _____ boutiques, déguster une **(i)** _____ spécialité gastronomique dans un restaurant à la mode. Évidemment, il ne faut pas oublier de contempler le Saint-Laurent et de faire une promenade **(j)** _____ près du château Frontenac.

10

2 ## La place des adjectifs *(réponses, p. 152)*

Mettez l'adjectif entre parenthèses à la place qui convient. Faites les autres changements qui sont nécessaires.

a. une maison (blanc)_____

b. un animal (beau)_____

c. des examens (final) _____

d. des cheveux (blond) _____

e. des étudiants (canadien)_____

f. un avion (vieux)_____

g. un spectacle (magnifique) _____

h. une poire (gros)_____

i. des gens (intelligent) _____

j. une ville (industriel) _____

10

exercice

3 Les adverbes

(réponses, p. 152)

Donnez l'adverbe formé à partir de l'adjectif qui vous est donné.

	adjectif	*adverbe*
a.	lent	_____
b.	facile	_____
c.	prudent	_____
d.	joli	_____
e.	gracieux	_____

$\frac{}{5}$

exercice

4 La comparaison

(réponses, p. 152)

Complétez les phrases avec le mot de comparaison approprié.

(+) ⟶ supériorité

(–) ⟶ infériorité

(=) ⟶ égalité

a. Les champions olympiques sont en _____ forme que nous. (+)

b. Pierre conduit bien mais son frère conduit encore _____ que lui. (+)

c. Le président de la Banque Royale est _____ riche que moi. (+)

d. Je voudrais parler _____ bien anglais que français. (=)

e. En Europe, les touristes américains sont _____ traités que les touristes canadiens. (–)

$\frac{}{5}$

Grammaire

L'ADJECTIF QUALIFICATIF

1. L'adjectif qualificatif a deux fonctions:

   a. Il exprime une qualité, une caractéristique de la personne ou de la chose.

      une robe bleue   *une femme intelligente*

   b. Il complète le nom.

      les fonctions cérébrales (= du cerveau)

      l'élection présidentielle (= du président)

2. L'adjectif qualificatif en français est masculin ou féminin, singulier ou pluriel, selon le nom qu'il qualifie.

      Pierre est grand.   *Marie est petite.*

      Les livres sont neufs.   *Les chaussures sont noires.*

3. En général, on forme le féminin de l'adjectif en ajoutant un *e* au masculin.

   un chapeau noir   *une robe noire*

4. Il y a parfois des modifications orthographiques.

Redoublement de la consonne finale

Terminaison	Masculin	Féminin
-el	personnel	personne**lle**
-eil	pareil	parei**lle**
-ien	italien	italie**nne**
-on	mignon	migno**nne**
-ot	sot	so**tte**

Changement de la consonne finale

Terminaison	Masculin	Féminin
-ieux	sérieux	sérieu**se**
-if	sportif	sporti**ve**
-eur	rêveur	rêveu**se**
-teur	menteur	menteu**se**

5. Il y a des cas particuliers.

bas	→	basse	gentil → gentille	
beau	→	belle	grec → grecque	
blanc	→	blanche	gros → grosse	
doux	→	douce	long → longue	
fou	→	folle	sec → sèche	
frais	→	fraîche		

6. On forme le pluriel de l'adjectif en ajoutant un *s* au singulier de la plupart des adjectifs masculins et de tous les adjectifs féminins.

   des garçons sots   *des filles sottes*

7. Il y a des cas particuliers.

Terminaison du masculin singulier	Singulier	Pluriel
-s, -x	gris	gris
-eau	beau	beaux

8. Il y a des adjectifs invariables tels les adjectifs exprimant une idée de couleur.

   une robe cerise   ⟶   *des robes cerise*

   (*Cerise* est un nom servant à exprimer la nuance de couleur.)

rose bonbon   *des robes rose bonbon*

(*Rose bonbon* est formé d'un adjectif et d'un nom.)

une jupe bleu pâle   *des jupes bleu pâle*

(*Bleu pâle* est un adjectif modifié par un autre adjectif.)

9. Le placement de l'adjectif est beaucoup plus complexe en français qu'en anglais. Voici quelques points de repère:

a. Se placent avant le nom:
  • les adjectifs courts et très usités (*beau, gros, grand, joli, petit, vieux, jeune*, etc.)
      une jolie fille   *un vieux monsieur*   *un gros homme*
  • les adjectifs indiquant le rang
      le premier jour de classe
  • les adjectifs qu'on veut mettre en valeur
      un magnifique spectacle

b. Se placent après le nom:
  • les adjectifs longs qualifiant un nom court
      une femme extraordinaire
  • les participes passés
      un fait connu
  • les adjectifs exprimant la couleur, la forme, la nationalité, la religion
      une table ronde   *un écrivain anglais*
      une robe jaune   *un prêtre catholique*

c. Il y a des adjectifs qui changent de sens selon qu'ils sont placés avant ou après
    le nom.
      un brave homme (brave = gentil)
      un homme brave (brave = courageux)
      un grand homme (grand = important)
      un homme grand (grand = de taille élevée)

Les adjectifs présentant cette particularité sont les suivants: *ancien, brave, certain, cher, chic, dernier, drôle, pauvre, propre, seul.*

L'ADVERBE

1. L'adverbe est un mot ou une locution que l'on adjoint à un verbe, à un adjectif ou à un autre adverbe pour le déterminer.
      *Nous nous téléphonons **très souvent**.*

Les adverbes les plus usités

Catégories	Adverbes
temps	bientôt, déjà, encore, longtemps, maintenant, souvent
quantité	assez, autant, beaucoup, environ, plus, moins, davantage, peu, presque, tellement, tant, très, trop
lieu	dedans, dehors, ici, là, loin, près, ailleurs, partout, en arrière, là-bas, quelque part
affirmation	oui, certainement, vraiment
doute	peut-être, sans doute
interrogation	comment, pourquoi, quand, où
négation	ne... jamais, ne... pas encore, ne... plus
manière	bien, mal, comme, plutôt

2. L'adverbe est invariable en genre et en nombre.

   *Ils sont venus **ensemble**.*

   *Elle est **trop** jeune pour habiter seule.*

3. Il y a de nombreux adverbes qui terminent en -*ment*.

   a. En générale, on les forme à partir du féminin de l'adjectif.

lent →	*lente* →	*lentement*
doux →	*douce* →	*doucement*
sec →	*sèche* →	*sèchement*

   mais: *gentil* → *gentiment*

   b. Si l'adjectif masculin se termine par une voyelle, on forme l'adverbe en ajoutant la terminaison -*ment*.

poli →	*poliment*
absolu →	*absolument*
vrai →	*vraiment*

   mais: *gai* → *gaiement*

   c. Quand l'adjectif masculin se termine par -*ent* ou -*ant*, la terminaison de l'adverbe est -*emment* ou -*amment*.

récent →	*récemment*	*fréquent* →	*fréquemment*
suffisant →	*suffisamment*	*courant* →	*couramment*

4. Il y a quelques points de repère concernant la place de l'adverbe dans la phrase.

   a. Quand l'adverbe modifie un adjectif ou un autre adverbe, il se place devant l'adjectif ou l'adverbe.

   *un homme **très** généreux, **trop** sensible, **si** doux*

   *il court **très** vite, **trop** vite, **si** vite*

b. Quand l'adverbe modifie un verbe, il peut occuper toutes les positions sauf celle entre le sujet et le verbe.

- temps simple ⟶ L'adverbe se place normalement après le verbe.

  *Pierre parle **trop** mais agit **peu**.*

- temps composé ⟶ L'adverbe se place généralement entre l'auxiliaire et le participe passé.

  *Ils ont **presque** fini. Il est **déjà** venu.*

  mais: *Elles sont allées **partout**.*

LA COMPARAISON

1. Le comparatif devant un adjectif ou un adverbe

égalité:	aussi… que	*Pierre est aussi grand que Marie.* *Marie court aussi vite que Pierre.*
supériorité:	plus… que	*Pierre est plus grand que Marie.* *Pierre court plus vite que Marie.*
supériorité:	moins… que	*Marie est moins grande que Pierre.* *Marie court moins vite que Pierre.*

2. Le comparatif avec un verbe ou un nom

égalité:	autant que / autant de	*Pierre gagne autant que Marie.* *Marie a autant d'argent que Pierre.*
supériorité:	plus que / plus de	*Pierre gagne plus que Marie.* *Pierre a plus d'argent que Marie.*
infériorité:	moins que / moins de	*Marie gagne moins que Pierre.* *Marie a moins d'argent que Pierre.*

3. Le superlatif

supériorité:	le/la plus + adjectif + de	*Marie a la note la plus élevée de la classe.* *C'est l'événement le plus important de l'année.*
infériorité:	le/la moins + adjectif + de	*Pierre est l'étudiant le moins grand de la classe.* *C'est la robe la moins coûteuse qu'elle a achetée.*

4. Formes irrégulières

Adjectifs	Forme régulière	Forme irrégulière
bon(ne)		meilleur(e)
mauvais(e)	plus mauvais(e)	pire
petit(e)	plus petit(e)	moindre

Adverbes	Forme régulière	Forme irrégulière
bien		mieux
mal	plus mal	pire
peu		moins
beaucoup		davantage

Le vin blanc est bon mais le vin rouge est meilleur.
Les glaces au café sont bonnes mais les glaces au chocolat sont meilleures.
Pierre a bien joué mais c'est Yves qui a le mieux joué.
Marie a beaucoup d'argent mais Irène en a davantage.

Textes

A   LES ADJECTIFS

LES CAVALIERS

Chaque équipe [de cavaliers] avait son propre costume, conçu pour le bouzkachi royal. Ceux du Kataghan portaient des blouses blanches à raies vertes, enfoncées dans de larges braies gris fer qui disparaissaient dans des bottes noires montant au-dessus du genou. Sur ceux de Mazar-Y-Chérif, les justaucorps et les culottes étaient de couleur de rouille et les bottes en cuir fauve ne venaient qu'au mollet. Quant aux cavaliers de Maïmana, ils étaient chaussés de la même manière mais leurs casaques, d'un marron foncé, étaient plus courtes et plus amples. Sur leur dos s'étalait, comme une étrange étoile, la peau écartelée d'un agneau d'astrakan blanc. Sur la tête, les [cavaliers] avaient tous une toque bordée de fourrure grossière, à coiffe pointue qui, selon les équipes, était de haute laine ou de peau brute.

Ainsi vêtus, ainsi ornés et portés par des bêtes splendides dont les robes avaient toutes les nuances, depuis le noir le plus pur jusqu'au blanc sans tache, les soixante héros des steppes, cravache au poing, étirés sur une seule ligne, traversaient lentement derrière les trompettes qui ne cessaient de sonner et derrière leurs chefs, toute la largeur du terrain de Bagrami.

—Tiré de *Les Cavaliers* de Joseph Kessel, Éditions Gallimard.

agneau (*m*)	*lamb*
braies (*fpl*)	*breeches*
bouzkachi (*m*)	en Afghanistan, un jeu traditionnel réservé aux meilleurs cavaliers
casaque (*f*)	*overblouse*
cavalier (*m*)	*rider*
écarteler	*to stretch*
justaucorps (*m*)	*jerkin*
mollet (*m*)	*calf*
raie (*f*)	*stripe*
robe (*f*)	*coat (of an animal)*

EXPLOITATION

1. Relevez les adjectifs qualificatifs contenus dans le texte. Justifiez leur place avant ou après le nom qu'ils qualifient.

2. Dans le segment de phrase «son propre costume», expliquez le sens de l'adjectif *propre*. Trouvez d'autres adjectifs dont le sens diffère selon leur placement (avant ou après le nom). Faites une courte phrase avec chacun de ces adjectifs.

3. Relevez dans le texte les adjectifs exprimant la couleur.

4. Étudiez les expressions suivantes: *gris, fer, couleur rouille, cuir fauve.* Comment l'idée de couleur est-elle rendue? Cherchez dans le dictionnaire des adjectifs de couleur formés avec un adjectif et un nom de fruit ou de légume (par exemple, *vert pomme, jaune citron*).

5. En vous servant du texte comme modèle, faites la description des vêtements d'une personne de votre choix. Choisissez des adjectifs précis.

B   LES ADJECTIFS ET LES ADVERBES

LA DÉPRIME

47 % des Français ignorent la déprime.

Vous arrive-t-il de vous sentir triste sans raison particulière?

Très souvent	4
	→ 14
Assez souvent	10

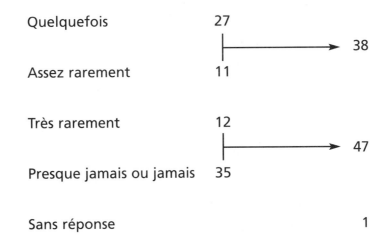

Quelquefois	27	
Assez rarement	11	38
Très rarement	12	
Presque jamais ou jamais	35	47
Sans réponse		1

Qui aurait pu l'imaginer? On se promène dans la rue, on fréquente les lieux publics et on ne rencontre que de tristes figures; on achète son pain et son tabac et on n'a affaire qu'à des commerçants maussades; on écoute autour de soi et on n'entend parler que d'époux irascibles, de parents soucieux, d'enfants grognons et insomniaques. On lit les journaux, on regarde la télé, on écoute la radio et on apprend que les ouvriers sont mécontents, les paysans inquiets, les fonctionnaires frustrés, les professions libérales désenchantées, les chômeurs désespérés [...] Bref, le spectacle que nous offrent nos semblables est celui d'une collectivité angoissée et morose.

Quelle erreur! 35 % des Français ne sont jamais ou presque jamais tristes sans raison particulière; 12 % très rarement, 11 % assez rarement. Seuls 4 % le sont très souvent et 10 % assez souvent. Et 47 % d'entre eux ne pensent jamais, presque jamais ou très rarement que la vie ne vaut peut-être pas la peine d'être vécue.

—Tiré du *Nouvel Observateur*, janvier 1983.

petit lexique

déprime (*f*) (*fam.*)	*mild depression*
grognon	*grouchy*
irascible	*quick-tempered*
maussade	*glum, morose*

EXPLOITATION

1. À quelle catégorie appartiennent les adverbes contenus dans le texte? (Voir le tableau à la page 43.)

2. Dans la phrase «Ils ne sont jamais tristes.», quelle remarque pouvez-vous faire concernant la place de l'adverbe? Mettez cette phrase au passé composé.

3. Relevez les adjectifs qualificatifs contenus dans le texte. Justifiez leur place par rapport au nom qu'ils qualifient.

4. Les termes *grognons*, *maussades* et *irascibles* sont des adjectifs utilisés pour décrire la personnalité. Cherchez dans le dictionnaire au moins cinq autres adjectifs de ce genre.

5. En vous servant du texte étudié comme modèle, préparez un sondage d'opinion en interrogeant vos camarades sur un sujet de votre choix.

C | LES ADJECTIFS ET LES ADVERBES

LE FRANÇAIS AU VOLANT

Il faut se méfier des Français en général, mais sur la route en particulier. [...]

Les Anglais conduisent plutôt mal, mais prudemment. Les Français conduisent plutôt bien, mais follement. La proportion des accidents est à peu près la même dans les deux pays. Mais je me sens plus tranquille avec des gens qui font mal des choses bien qu'avec ceux qui font bien de mauvaises choses.

Les Anglais (et les Américains) sont depuis longtemps convaincus que la voiture va moins vite que l'avion. Les Français (et la plupart des Latins) semblent encore vouloir prouver le contraire. [...]

On pourrait croire que l'appétit de vitesse du Français est fonction de la puissance de sa voiture. Erreur. Plus la voiture est petite, plus l'homme veut aller vite. En ce royaume du paradoxe, les automobiles les moins dangereuses sont les plus puissantes, leurs conducteurs, blasés, étant les seuls qui se paient le luxe de rouler plutôt «en dedans de leurs possibilités» et d'aller plus vite que tout le monde sans pousser.

—Tiré du *Carnet du Major Thompson* de Pierre Daninos, Hachette.

petit lexique

méfier de (se —)	*to mistrust*
volant (être au —)	*to drive a car*

EXPLOITATION

1. Relevez les adverbes contenus dans le texte en les classant par catégories: adverbes de quantité, de manière, etc.

2. Comment sont formés les adverbes *prudemment* et *follement*? Donnez les adverbes correspondant aux adjectifs suivants: *bref, décent, vrai, merveilleux, naturel.*

3. Comparez, en utilisant des adjectifs et des adverbes, les avantages et les inconvénients

   a. de la vie à la campagne et de la vie dans une grande ville.

   b. d'un voyage de Montréal à Vancouver en train et en avion.

D ADJECTIFS, ADVERBES ET COMPARAISON

PARIS

Ville très grande et très petite
Très innocente et très rusée
Que de rêve et qui se calcule
Ville étourdie, ville fidèle
Qui tient dans le creux de la main.
Ville ambiguë, ville facile,
Aussi compliquée que le ciel,
Aussi réfléchie que la mer,
Aussi captive que l'étoile,
Aussi libre qu'un grain de ciel.
Ville ouverte et si refermée,
Ville têtue et ville vaine,
Ville consciente et ville frivole,
Ville toujours réinventée,
Ville animale et ville humaine.
Ville insouciante et calculée,
Ville modeste et ville fière.

—Tiré de *L'Âme en peine* de Jules Roy.

petit lexique

étourdi(e)	*thoughtless*
rusé(e)	*cunning*
têtu(e)	*stubborn*
vain(e)	*hollow*

1. Relevez les adjectifs qualificatifs contenus dans le texte.

2. Donnez le masculin des adjectifs relevés.

3. Donnez un synonyme de *si* dans le segment de phrase «Ville ouverte et si refermée».

4. Mettez le segment de phrase «Aussi libre qu'un grain de ciel» au comparatif de supériorité et au comparatif d'infériorité.

5. Cherchez dans le texte et dans le dictionnaire les antonymes (les contraires) des adjectifs suivants: *fidèle, vain, compliqué, libre, humain.*

6. Les adjectifs utilisés par l'auteur pour décrire la ville de Paris s'appliquent généralement à une personne. Cherchez dans le dictionnaire au moins cinq autres adjectifs servant à décrire la personnalité.

Exercices complémentaires

1 | **Moulin à phrases**   *(à faire corriger)*

Utilisez les adjectifs suivants dans une courte phrase. Ensuite, justifiez la place de l'adjectif (avant ou après le nom).

a. joli(e) _____

b. magnifique _____

c. exceptionnel(le) _____

d. gros(se) _____

e. important(e) _____

f. russe _____

g. carré(e) _____

h. cher/chère _____

2 | **À la bonne place**   *(réponses, p. 152)*

Placez correctement les adjectifs entre parenthèses. Il peut y avoir plusieurs possibilités. Attention à l'accord de l'adjectif.

a. un enfant (beau, intelligent) _____

b. un chemin (étroit, rocailleux) _____

c. une voiture (beau, petit) _____

d. un peintre (célèbre, canadien) _____

e. un garçon (grand, bien élevé) _____

3 Changement de sens

(réponses, p. 152)

Les termes ci-dessous sont des adjectifs qui changent de sens selon leur position avant ou après le nom. Vérifiez le sens de ces adjectifs dans le dictionnaire et trouvez un mot ou une expression synonyme.

Modèle: une histoire drôle ⟶ une histoire amusante
une drôle d'histoire ⟶ une histoire bizarre

a. un repas maigre _____

b. un maigre repas _____

c. un personnage triste _____

d. un triste personnage _____

e. un ami vieux _____

f. un vieil ami _____

g. un ancien château _____

h. un château ancien _____

4 Au féminin

(réponses, p. 152)

Mettez les phrases et segments suivants au féminin.

Modèles: *Monsieur Dupont est agréable et charmant.*
⟶ *Madame Dupont est agréable et charmante.*

un sac neuf (une valise)
⟶ *une valise neuve*

a. Le père de Pierre est blond et frisé. _____

_____

b. Le frère de Laure est grand et bronzé. _____

_____

c. Le patron de Marie est agressif et exigeant. _____

_____

d. un poisson frais (une viande) _____

e. un gilet bleu ciel (une robe) _____

f. un livre ancien (une armoire) _____

5   Les adverbes

(réponses, p. 152)

Complétez les phrases avec un adverbe formé à partir des adjectifs suivants.

prudent   doux   patient   lent   rapide   élégant

a. Elle mange _____.

b. Elle conduit _____.

c. Elle s'habille _____.

d. Elle attend _____.

e. Elle parle _____.

f. Elle descend l'escalier _____.

6   Adjectif ou adverbe

(réponses, p. 152)

Complétez avec *bon*, *mauvais*, *bien* ou *mal* selon le sens de la phrase.

a. Félicitations pour vos _____ résultats! Continuez à _____ travailler.

b. Voyager au Québec cet été: quelle _____ idée!

c. Ne mélangez pas le vin blanc et le vin rouge: c'est _____ pour l'estomac.

d. Suzanne chante _____ mais sa sœur chante _____.

e. Pierre est un _____ ami mais il est souvent de _____ humeur.

7   Adjectif ou adverbe

(réponses, p. 152)

Complétez les phrases avec *meilleur*, *le meilleur*, *mieux* ou *le mieux* selon le sens de la phrase.

a. On mange _____ chez soi qu'au restaurant.

b. *Titanic* est un des _____ films des dix dernières années.

c. Mon père chante _____ que moi. Vraiment, c'est _____ chanteur de la famille.

d. Votre dessert est _____ que le mien. Pas étonnant: vous cuisinez _____ que moi.

e. *La Tour d'argent* est sans aucun doute un des _____ restaurants de Paris.

8   La comparaison

(à faire corriger)

Utilisez des adjectifs et des adverbes au comparatif pour montrer les avantages et les désavantages des projets de voyages suivants.

a. une croisière dans les Caraïbes et une expédition de voyage-randonnée (trekking) en Himalaya

_____

_____

_____

_____

b. un séjour de deux semaines au Club Med à Cancun et la traversée du Sahara à dos de chameau

_____

_____

_____

_____

9 | Place des adjectifs

(réponses, p. 152)

1. Faites l'exercice selon le modèle.

   Modèle: *Toby (chien, animal/gros, très doux)*

   ⟶   *Toby est un gros chien mais c'est un animal très doux.*

   a. Pierre (enfant, étudiant/nerveux, studieux) _____

   _____

   b. Madame Claude (femme, voisine/gentille, bavarde) _____

   _____

   c. Catherine (jeune fille, infirmière/ennuyeuse, dévouée) _____

   _____

   d. Le téléphone portable (objet, appareil/pratique, souvent inutile) _____

   _____

   e. Le mari d'Isabelle (mari, romancier/bon, médiocre) _____

   _____

10 | Adjectifs particuliers

(réponses, p. 152)

Complétez les phrases avec *neuf, nouveau, vieux, ancien, grand.*

a. Marie a mal aux pieds parce que ses chaussures sont _____ .

b. J'ai rencontré, hier, mon _____ professeur de chimie de l'école secondaire _____ .

c. Je regrette souvent mon _____ travail qui était plus agréable que le _____ .

d. Quoi de _____ , aujourd'hui?

e. Je viens d'acheter un meuble __________: une armoire de l'époque victorienne.

f. Napoléon était petit de taille mais c'est un __________ homme de l'histoire de France.

exercice

11 Exercice

(réponses, p. 152)

Complétez les phrases avec *bon, mauvais, bien* ou *mal* selon le cas.

a. En ce moment, tout va __________.

b. Ne mélangez pas le vin rouge et le vin blanc: c 'est __________ pour la santé.

c. Je vous félicite pour vos __________ résultats. Continuez, c 'est __________.

d. Pierre chante __________. Attention à vos oreilles!

De la grammaire à l'écriture

A L'UTILISATION DES ADJECTIFS QUALIFICATIFS DANS LA DESCRIPTION

TEXTE MODÈLE

LULU

Je suis Lulu le Chinois.

J'ai les yeux bridés, des lueurs jaunes dans le regard [...]

Parfois je regarde une photographie très antique prise par M. Teni Héou, photographe à Chengdu, en 1916. Je suis assis sur la marche d'un perron, moutard [enfant] joufflu à côté de ma mère Anne Marie. Derrière nous une paroi de bois ajourée, bois sombre, bois de fer tendu d'un papier de fibre de bambou. [...]

Mais c'est, je le sais, mon amah Li à la face plate et aux grands pieds qui m'a fait chinois en me révélant les splendeurs et les cruautés indicibles de la cité.

—Tiré de *Les Grandes Murailles* de Lucien Bodard, Éditions Grasset.

EXERCICES D'APPLICATION

1. Relevez les adjectifs qualificatifs contenus dans le texte. Cherchez le sens de ces adjectifs dans le dictionnaire et trouvez des adjectifs synonymes.

2. Étudiez et justifiez la place des adjectifs (avant ou après le nom).

3. En utilisant des adjectifs qualificatifs, décrivez une photographie de famille.

RENCONTRE AVEC PU YI, LE DERNIER EMPEREUR

Pu Yi, le dernier fils du Ciel, je l'ai rencontré en 1956 pendant se rééducation. Un choc que je n'ai jamais oublié...

Des pas dans l'escalier et Pu Yi apparaît. On l'autorise à s'asseoir, je m'assieds en face de lui. Quelques instants, je contemple cet ex-empereur en tenue démocratique, une casquette, un bleu de chauffe, des godillots noirs, tout cela à peu près neuf: on dirait un prolétaire endimanché. Il reste là, silencieux, maigre, blême, le front immense, la peau anormalement lisse. Il se tient immobile, l'œil vide, résigné, les mains sue les genoux, les jambes enroulées autour des pieds de son fauteuil en osier. Un poisson échoué sur un banc de vase qui, contre toute logique, survit...

Soudain, une lueur folle brille dans le regard de Pu Yi. Un individu trapu, cheveux coupés en brosse, les traits durs, la cinquantaine environ, vient d'entrer dans la pièce et se carre, raide et attentif sur un sofa. C'est sans doute le rééducateur en chef.

—Tiré de *Les Grandes Murailles* de Lucien Bodard, Editions Grasset.

petit lexique

blême	*pallid*
bleu de chauffe (*m*)	*overall*
casquette (*f*)	*cap*
coupé en brosse	*a crew cut*
se carrer	*to settle comfortably*
endimanché(e)	*terribly stiff in his Sunday best*
fils du ciel (*m*)	surnom donné aux empéreurs chinois
godillot (*m*)	*clumpsy shoe*
osier (*m*)	*wicker*
trapu(e)	*stocky*
vase (*f*)	*sludge*

EXERCICES D'APPLICATION

1. Relevez les adjectifs qualificatifs contenus dans l'extrait. Justifiez la place de ces adjectifs.

2. Comment est formé l'adjectif «endimanché» ?

3. Montrez comment l'auteur établit un contraste entre Pu Yi et son rééducateur dans l'utilisation des adjectifs qualificatifs.

1. Complétez les phrases suivantes avec un adjectif qualificatif caractérisant la personne.

   a. Pierre ne gagne pas beaucoup d'argent, n'a pas de voiture, pas de vêtements chers: il a des goûts modestes et _____.

   b. Quand il fait un discours, tout le monde s'endort: il est vraiment _____.

   c. Quand il raconte une histoire, tout le monde rit: il est _____.

   d. Mon oncle nous fait beaucoup de cadeaux: il est très _____.

   e. Il ne pense qu'à lui et ne s'intéresse pas aux autres: il est _____.

   f. Cet enfant bouge tout le temps, casse tout: quel enfant _____!

2. Cherchez dans le dictionnaire trois adjectifs qualificatifs synonymes de *grand*, *petit*, *vieux* et *jeune*. Rédigez une courte phrase avec chacun de ces adjectifs.

3. Rédigez en un paragraphe de quelques lignes le portrait physique de la personne de votre choix. Utilisez les adjectifs servant à décrire la taille, la couleur des cheveux (des yeux, de la peau), l'allure générale, les vêtements, etc.

B   LES HOMONYMES

1. *ou* et *où*

   ou ⟶ conjonction de coordination utilisée pour marquer le choix, l'alternative

   où ⟶ pronom relatif ou adverbe interrogatif

2. *quelquefois* et *quelques fois*

   quelquefois ⟶ adverbe de temps

   quelques fois ⟶ expression indéfinie (= *plusieurs fois*)

(réponses, p. 152)

Complétez les phrases avec *ou, où, quelquefois* ou *quelques fois*.

a. _____ as-tu mis les clés?

b. Le jour _____ je suis arrivé, il pleuvait.

c. Veux-tu du thé _____ du café?

d. Je suis allé _____ dans le sud des États-Unis.

e. _____, je ne sais pas quoi faire de mon temps libre.

C   LA TERMINOLOGIE GRAMMATICALE

1. En utilisant une grammaire de référence ou un dictionnaire unilingue, construisez cinq phrases simples comportant un verbe transitif direct, un verbe transitif indirect ou un verbe intransitif.

Exemples: Je mange une pomme. (*manger* est transitif direct)

Il obéit à ses parents. (*obéir* est transitif indirect)

_____

_____

_____

_____

_____

2. Petit quiz   *(réponses, p. 152)*

À quelle catégorie grammaticale appartiennnent les mots suivants?

a. malgré _____

b. bien que _____

c. où _____

d. deux _____

e. leur _____

3. Construisez trois phrases comportant un adjectif qualificatif épithète et trois phrases comportant un adjectif qualificatif attribut.

Exemples: J'aime les belles fleurs. (*belles* est épithète)

La voiture de Pierre est rouge. (*rouge* est attribut)

_____

_____

_____

| EXERCICE D'APPLICATION | *(réponses, p. 152)* |

Selon le modèle, donnez la nature et la fonction des mots soulignés dans le texte suivant.

VOYAGE DANS LES HIGHLANDS SAUVAGES

Inverness, capitale des Highlands, située à l'embouchure de la Ness River, est le passage <u>oriental</u> obligé pour accéder à ces hautes terres de légendes, <u>tout</u> au nord de l'Écosse. Les <u>rares</u> habitants de <u>ces</u> monts, les fameux Highlanders, ont la mémoire longue. Une visite au château de Cawdor, aux environs de Inverness, <u>le</u> confirme. Le château appartient à la <u>même</u> famille depuis six cents ans. Il présente la bizarrerie d'avoir été construit à la fin du XIVe siècle autour d'un arbre, symbole de vie et protecteur de tous les démons. L'arbre, mort en 1772, est toujours <u>là</u>, dans les sous-sols, au pied du donjon. Il ne reste que le tronc. C'est un houx. Cet arbre a sans doute protégé <u>pendant</u> six siècles la maison ducale de bien des malédictions, mais pas de la fantaisie historique de Shakespeare. Dans son «Macbeth», l'auteur <u>a situé</u> l'assassinat du roi Duncan <u>dans</u> le château de Cawdor.

—Tiré du *Nouvel Observateur*, 14 Mai 1998.

Modèle: oriental: *adjectif qualificatif, masculin singulier, épithète de passage*

a. tout: _____

b. rares: _____

c. ces: _____

d. le: _____

e. même: _____

f. là: _____

g. pendant: _____

h. a situé: _____

i. dans: _____

A Relevez les adjectifs contenus dans le texte ci-dessous et donnez la forme du genre opposé. *(16 × 0.5 = 8 points)*

La neige tombait depuis midi, une petite neige qui poudrait les branches d'une mousse glacée, qui jetait sur les feuilles mortes des fourrés un léger toit d'argent, étendait par les chemins un immense tapis moelleux et blanc, et qui épaississait le silence illimité de cet océan d'arbres.

—Tiré de *Les Prisonniers* de Guy de Maupassant.

(8)

1. _____ 5. _____
2. _____ 6. _____
3. _____ 7. _____
4. _____ 8. _____

B Faîtes de nouvelles phrases en mettant les mots soulignés au féminin. *(10 × 1 = 10 points)*

1. L'infirmier est compétent.

   _____

2. Le serveur est poli.

   _____

3. Les garçons sont gentils.

   _____

4. Le roi est sympathique.

   _____

5. Les commentaires (les questions) sont idiots.

   _____

(10)

6. Le couloir (la rue) est étroit.

   _____

C Placez correctement les adjectifs entre parenthèses. Attention à l'accord de l'adjectif. *(5 × 2 = 10 points)*

1. une activité (sportif, épuisant) _____

2. un hôtel (confortable, pas cher) _____

3. des vêtements (démodé, ridicule) _____

4. une barbe (long, gris) _____

(10)

5. une pomme (gros, vert) _____

D Donnez l'adverbe correspondant à l'adjectif qui vous est donné. *(8 × 1 = 8 points)*

1. particulier _____ 5. meilleur _____

2. élégant _____ 6. rapide _____

3. vrai _____ 7. malheureux _____

(8)

4. décent _____ 8. doux _____

E **Faites les comparaisons selon le code suivant:** *(5 × 2 = 10 points)*

(+) ⟶ supériorité

(−) ⟶ infériorité

(=) ⟶ égalité

1. vous travaillez/que nous (−)

_____

2. Jacques est fort/que Paul (+)

_____

3. elle est l'étudiante intelligente/de la classe (+)

_____

4. je sors souvent/que ma sœur (−)

_____

5. parlez fort, s'il vous plaît (−)

_____

F **Complétez les phrases avec *ou*, *où*, *quelquefois* ou *quelques fois*.** *(4 × 1 = 4 points)*

1. L'île _____ je passe mes vacances est peu peuplée.

2. Préfères-tu aller au cinéma _____ louer un vidéo?

3. Les _____ où je l'ai vu, j'ai passé un moment agréable.

4. Nos rêves sont _____ de vrais cauchemars.

(réponses, p. 152)

```
        Résultat du test

         ___ × 2 = ___
          50        100
```

quatre

Diagnostique

exercice

1 | Les pronoms
(réponses, p. 152)

Complétez de dialogue suivant, à l'aide des pronoms qui conviennent.

AVANT LE DÉPART EN VACANCES

Marie: As-tu fait vérifier la voiture au garage?

Anne: Évidemment, je **(a)** _l'_ ai fait vérifier.

Marie: As-tu descendu les valises?

Anne: Bien sûr, je **(b)** _les_ ai descendues.

Marie: As-tu pensé à emmener le chien chez nos cousins?

Anne: Mais oui, j'ai pensé à **(c)** _l'_ emmener chez **(d)** _eux_.

Marie: As-tu annulé notre abonnement au journal?

Anne: Oui, je **(e)** _l'_ ai annulé hier.

Marie: As-tu prévenu les voisins de notre départ?

Anne: Je **(f)** _l'_ ai prévenus ce matin.

Marie: As-tu dit au facteur que nous serions absentes pendant deux semaines?

Anne: Je **(g)** _le_ **(h)** _lui_ ai dit.

Marie: Enfin, le plus important: as-tu réservé une chambre d'hôtel pour cette nuit?

Anne: Oh! Zut alors! J'ai complètement oublié d'**(i)** _en_ réserver une.

Marie: Et bien, nous dormirons à la belle étoile! Que penses-tu de cette idée?

Anne: Je **(j)** _la_ trouve géniale!

10

exercice

2 | Les pronoms
(réponses, p. 152)

Répondez aux questions suivantes en remplaçant les noms par les pronoms qui conviennent. Faites attention à la place des pronoms.

a. –As-tu remis les lettres à ton père?

–Oui, je _les_ _lui_ ai remises.

b. –Voulez-vous du café?

–Non, merci, je n'_en_ veux pas.

c. –Êtes-vous allés en Floride cet hiver?

–Non, nous _y_ sommes allés au printemps.

d. –Penses-tu quelquefois à ton enfance?

–Oui, j'_y_ pense souvent.

e. –Avez-vous besoin de mon dictionnaire?

–Non, nous n'_en_ avons pas besoin.

f. –Tu te souviens de Pierre?

–Non, je ne _me_ souviens pas de _lui_.

g. –Vous avez emmené vos enfants à Québec?

–Oui, nous _les_ _y_ avons emmenés.

(réponses, p. 152)

3 **Les pronoms**

Complétez les phrases suivantes à l'aide des pronoms qui conviennent.

a. Pierre, tu rêves? C'est à _toi_ de jouer.

b. _Moi_, je n'ai jamais dit cela!

c. Les parents de mon amie Hélène _m'_ ont invités à passer la fin de semaine chez _nous_.

d. Marie est toujours à l'heure mais Pierre, _lui_, est toujours en retard.

e. Que c'est bon de rentrer chez _soi_ après une longue journée de travail, quand on veut se reposer.

f. Ils sont paresseux et nous ne voulons plus travailler avec _eux_.

g. Paul et _moi_, nous _nous_ sommes bien amusés.

h. Quant à _vous_, attendez ici.

Grammaire

LES PRONOMS PERSONNELS

Tableau général des pronoms personnels

Personnes	Sujets	Objets		Réfléchis	Disjoints
		c.o.d.	c.o.i.		
première, singulier	je	me (m')	me (m')	me (m')	moi
deuxième, singulier	tu	te (t')	te (t')	te (t')	toi
troisième, singulier	elle/il	la/le/l'	lui	se (s')	elle/lui/soi
première, pluriel	nous	nous	nous	nous	nous
deuxième, pluriel	vous	vous	vous	vous	vous
troisième, pluriel	elles/ils	les	leur	se (s')	elles/eux

1. Le pronom *on* est un pronom indéfini qui est employé très souvent comme pronom personnel sujet. Il désigne souvent plusieurs personnes mais se construit avec la troisième personne du singulier.

    On a souvent besoin d'un plus petit que soi.

2. Le pronom *vous* peut représenter deux personnes ou plus, mais il est aussi utilisé comme *vous* de politesse.

    Pierre et Jean, vous devez rapporter le pain.

    Comment allez-vous, Madame?

L'emploi des pronoms personnels compléments d'objet

1. Les pronoms compléments d'objet direct (c.o.d.) remplacent des noms de choses et de personnes. Ils répondent à la question «qui?» ou «quoi?».

    *Je regarde **la fille**.* ⟶ *Je **la** regarde.*

    *J'achète **le livre**.* ⟶ *Je **l'**achète.*

2. Les pronoms compléments d'objet indirect remplacent les noms de personnes précédés de la préposition *à*. Ils répondent à la question «à qui?».

    *Je parle **à Jean**.* ⟶ *Je **lui** parle.*

    *Je parle **à mes parents**.* ⟶ *Je **leur** parle.*

3. On utilise principalement les pronoms indirects avec les verbes de communication qui se construisent avec la préposition *à*. Parmi ces verbes, il faut noter:

parler à	téléphoner à	écrire à
répondre à	demander à	dire à
emprunter à	prêter à	donner à

    Un conseil: vérifiez dans le dictionnaire la construction des verbes utilisés.

4. La négation se place avant et après le bloc du pronom et du verbe (ou auxiliaire).

    Je ne regarde pas le garçon. ⟶ *Je **ne** le regarde **pas**.*

    Je n'ai pas parlé au directeur. ⟶ *Je **ne** lui ai **pas** parlé.*

L'emploi des pronoms réfléchis

1. Les pronoms réfléchis font partie de la conjugaison des verbes pronominaux. Dans la conjugaison pronominale, le pronom réfléchi et le sujet représentent la même personne.

    Paul lave la voiture. (Paul lave quoi? ⟶ *la voiture)*

    Paul se lave. (Paul lave qui? ⟶ *Paul)*

2. Classement des verbes pronominaux:

   a. verbes à sens réfléchi (le sujet agit sur lui-même)

      Marie se lave, s'habille, se peigne, se brosse les dents.

   b. verbes à sens réciproque (ces verbes expriment un échange entre deux ou plusieurs personnes)

      Pierre et Nicole se parlent, s'écrivent, se téléphonent.

   c. verbes essentiellement pronominaux (ces verbes n'existent qu'à la forme pronominale)

      Ils se dépêchent.

   Autres verbes de ce type: *s'en aller, s'enfuir, s'évanouir, se moquer de, se souvenir de.*

   ### L'emploi des pronoms disjoints (ou toniques)

1. Quand un pronom est le seul élément de la phrase, on utilise un pronom disjoint.

   Qui veut ce gâteau? **Toi? Vous?**

2. On utilise aussi un pronom disjoint après une préposition.

   *Il travaille **avec moi.***

   *Elle habite **chez eux.***

   *Tu pars **sans lui**?*

3. On utilise le pronom disjoint pour renforcer le pronom sujet et marquer le contraste.

   ***Moi**, je travaille toute la journée et **toi**, tu ne fais que regarder la télévision.*

   *Pierre est pour le nucléaire et **nous**, nous sommes contre.*

LES PRONOMS *Y* ET *EN*

1. Le pronom *y* remplace les compléments de lieu.

   *Je vais à **Los Angeles** demain et j'**y** vais en voiture.*
   (*y* remplace *à Los Angeles*)

2. Le pronom *y* remplace les noms de choses précédés de la préposition *à*.

   *Participes-tu **à ce projet**? Oui, j'**y** participe.*

   *Avez-vous réfléchi **à ma proposition**? Oui, j'**y** ai réfléchi.*

   Important: si le nom à remplacer est un nom de personne, on utilise le pronom disjoint.

   *Tu parles **à ton père**? Oui, je **lui** parle.*

3. On utilise le pronom *en* pour les quantités indéterminées.

> *Vous buvez **du café**? Oui, j'**en** bois.*

Quand la quantité est précisée, elle est ajoutée en fin de phrase.

> *Vous avez **des sœurs**? Oui, j'**en** ai **trois**.*
>
> *Il a **beaucoup de travail**? Oui, il **en** a beaucoup.*

4. On utilise *en* avec les verbes qui se construisent avec *de* si le nom remplacé est un nom de chose.

> *Il parle **de son travail**? Oui, il **en** parle souvent.*
>
> *Elle revient **du cinéma**? Oui, elle **en** revient.*

Important: si le nom à remplacer est un nom de personne, on utilise le pronom disjoint.

> *Il parle **de son frère**? Oui, il parle **de lui**.*

5. La négation se place avant et après le bloc formé par le pronom et le verbe (ou l'auxiliaire).

> *Je **n'**y vais **pas**.*   *Je **n'**y ai **pas** pensé.*
>
> *Il **n'**en parle **pas**.*   *Il **n'**en a **pas** acheté.*

LA PLACE DES PRONOMS

1. Pour placer correctement les pronoms, étudiez les exemples suivants.

    a. deux pronoms de la troisième personne:

    > sujet ⟶ c.o.d. ⟶ c.o.i. ⟶ verbe
    >
    > *Pierre donne le livre à Marie. Pierre **le lui** donne.*
    >
    > *Pierre donne la pomme à Marie. Pierre **la lui** donne.*
    >
    > *Pierre donne le livre et la pomme à Marie. Pierre **les lui** donne.*
    >
    > *Pierre donne les livres à Luce et Jean. Pierre **les leur** donne.*

    b. deux pronoms de différentes personnes:

    > sujet ⟶ c.o.i. ⟶ c.o.d. ⟶ verbe
    >
    > *Pierre donne le livre (à moi). Pierre **me le** donne.*
    >
    > *Pierre donne la pomme (à toi). Pierre **te la** donne.*
    >
    > *Pierre donne les livres (à nous). Pierre **nous les** donne.*

    c. en résumé:

me	devant	le	devant	lui	devant	y	devant	en
te		la		leur				
nous		l'						
vous		les						

| **A** | **LES PRONOMS** |

QUAND TU DORS

Toi tu dors la nuit

moi j'ai de l'insomnie

je te vois dormir

ça me fait souffrir

Toutes les nuits je pleure toute la nuit

et toi tu rêves et tu souris

mais cela ne peut plus durer

une nuit sûrement je te tuerai

tes rêves alors seront finis

et comme je me tuerai aussi

finie aussi mon insomnie

nos deux cadavres réunis

dormiront ensemble dans notre grand lit.

Voilà le jour et soudain tu t'éveilles

et c'est à moi que tu souris

tu souris avec le soleil

et je ne pense plus à la nuit

tu dis les mots toujours pareils

«As-tu passé une bonne nuit»

et je réponds comme la veille

«Oui mon chéri j'ai bien dormi»

et j'ai rêvé de toi comme chaque nuit.

—Tiré de *Histoires* de Jacques Prévert, Éditions Gallimard.

| EXPLOITATION |

1. Relevez les pronoms personnels contenus dans le poème et indiquez la catégorie à laquelle ils appartiennent (pronoms sujets, compléments, réfléchis, disjoints).

2. En vous inspirant du poème de Jacques Prévert, rédigez un court texte basé sur une idée de contraste: moi, je… mais toi, tu…

B   LES PRONOMS

MAIGRET VOYAGE EN TRAIN

Maigret, excédé, se lève, passe dans le couloir où il fait les cent pas. Seulement dans le couloir, il fait trop froid.

Et c'est à nouveau le compartiment, la somnolence qui décale les sensations et les idées. L'atmosphère est une atmosphère de cauchemar.

Est-ce que l'homme là-haut ne vient pas de se soulever sur les coudes, de se pencher pour essayer d'apercevoir son compagnon?

La nuit est longue, aux arrêtes, on entend des voix confuses, des pas dans le couloir, des portières qui claquent. On se demande si le train se remettra jamais en marche.

À croire que l'homme pleure. Il y a des moments où il cesse de respirer. Puis soudain, il renifle, il se retourne, il se mouche.

Maigret regrette de n'être pas resté dans son compartiment de première avec le vieux couple. Il s'assoupit, s'endort, il s'éveille à nouveau. Enfin, il n'y tient plus. Il tousse pour s'éclaircir la voix: «Je vous en prie, Monsieur, essayez donc de rester tranquille.»

—Tiré de *Le Fou de Bergerac* de Georges Simenon.

petit lexique

assoupir (s'—)	*to doze*
cauchemar (*m*)	*nightmare*
claquer	*to bang*
décaler	*to unbalance*
éclaircir (s'—)	*to clear*
excédé(e)	*furious*
moucher (se —)	*to blow one's nose*
renifler	*to sniff*
tenir (ne plus y —)	*to be fed up*
tousser	*to cough*

1. Relevez les verbes pronominaux contenus dans le texte. À quelle catégorie appartiennent-ils (réfléchis ou réciproques)?

2. Mettez les verbes pronominaux du texte à la première personne du pluriel du présent et du passé composé de l'indicatif.

3. Faites une phrase avec les verbes suivants, qui peuvent être employés à la forme pronominale et non pronominale.

   a. lever/se lever
   b. retourner/se retourner

   c. demander/se demander
   d. éclaircir/s'éclaircir

4. Quelle remarque pouvez-vous faire concernant le verbe *s'assoupir*?

C LES PRONOMS

LE DÉSESPOIR DU JEUNE LUCIEN

Une fulgurance de douleur me traverse. Comment l'ai-je-oublié? Sans doute, je ne l'ai pas compris tellement c'était impossible, affreux. Je me rappelle... Ma mère vient de dire qu'elle me mettrait dans un collège, loin d'elle, pour me «corriger». Ce serait monstrueux. Tout est de sa faute, à elle. Elle m'a délaissé dès que je suis né. Elle m'a remis à [ma bonne], Li. [...] Elle ne s'inquiétait pas de moi, elle ne s'occupait pas de moi. [...]

Si je suis devenu ce garçon bizarre, [...] c'est qu'elle m'a abandonné à la Chine qui m'a recueilli et que j'ai aimée. C'est elle qui est coupable. Pour mon bien, dit-elle, elle veut m'expédier en prison! La vérité est qu'elle veut me rejeter loin d'elle. Je l'aime tant, Anne Marie, ce n'est pas possible qu'elle me repousse, je veux rester avec elle, je ferai ce qu'elle voudra. [...]

Ma douleur, ces pensées, je voudrais les lui crier. Je voudrais pleurer contre elle, qu'elle me rassure, me console. Mais je ne dois pas le faire, je ne le ferai pas.

—Tiré d'*Anne Marie* de Lucien Bodard, Éditions Grasset.

petit lexique

bonne (*f*)	*maid*
corriger	*to punish*
délaisser	*to abandon*
fulgurance (*f*)	*flash*

1. Relevez les pronoms personnels contenus dans le texte. Indiquez pour chaque pronom relevé le mot (nom) ou groupe de mots qu'il remplace.

2. Dans la phrase «Je veux rester avec elle.», le pronom *elle* représente la mère de Lucien. Dans les phrases suivantes, remplacez le nom par le pronom qui convient.

   a. Je veux rester avec mon père.

   b. Je veux rester avec mes parents.

3. Indiquez les différentes fonctions du pronom *elle* dans les phrases suivantes.

   a. C'est elle qui est coupable.

   b. Je veux rester avec elle.

4. Dans la phrase «Je voudrais les lui crier.», quels noms sont remplacés par *les* et *lui*? Quelle remarque pouvez-vous faire concernant la place de ces deux pronoms?

Exercices complémentaires

1 **Ça remplace quoi?** *(réponses, p. 152)*

Dans les phrases suivantes, indiquez le mot ou le groupe de mots qui renvoie aux pronoms.

a. Te souviens-tu de Pierre? Non, je ne me souviens pas de lui.

   Le pronom *lui* remplace _____.

b. Si vos fraises sont mûres, j'en prendrai bien une livre.

   Le pronom *en* remplace _____.

c. Avez-vous dit à Marie de me téléphoner? Oui, je le lui ai dit.

   Le pronom *le* remplace _____. Le pronom *lui* remplace _____.

d. Le résultat des élections m'a surpris, je ne m'y attendais pas.

   Le pronom *y* remplace _____.

e. As-tu besoin d'un bon dictionnaire? J'en ai un à te prêter.

   Le pronom *en* remplace _____.

2 **Courrier du cœur** *(réponses, p. 152)*

Transformez le texte suivant selon le modèle.

   Modèle: *Chaque année mon mari me souhaite notre anniversaire de marriage.*

   ⟶ *Chaque année le mari de Claudine lui souhaite leur anniversaire de mariage.*

Chaque année mon mari me souhaite notre anniversaire de mariage. Il m'offre un petit cadeau et me donne une jolie carte et quelques roses rouges. Il me remet aussi un petit paquet bien fermé: une surprise! Et chaque année, c'est la même chose: il m'offre un foulard avec des fleurs violettes. Il semble très fier de son choix et me demande si cela me plaît. Mais je n'ose pas dire que je déteste le violet et que cette couleur ne me va pas du tout.

Quels conseils pouvez-vous me donner?   Signé   *Claudine*

_____

_____

_____

_____

_____

_____

_____

_____

Leur ou *leurs*   *(réponses, p. 152)*

(réponses, p. 152)

exercice 3

Complétez les phrases en choisissant *leur* ou *leurs* et en indiquant s'il s'agit de l'adjectif possessif ou du pronom personnel complément.

a. Ce sont _____ (_____) livres. C'est moi qui les _____ (_____) ai donnés.

b. As-tu vu _____ (_____) nouvelle voiture? Ce sont _____ (_____) parents qui la _____ (_____) ont achetée.

c. Rendez- _____ (_____) l'argent qui _____ (_____) appartient.

d. Je _____ (_____) ai demandé de me prêter _____ (_____) notes de cours.

Le pronoms avec *de*   *(réponses, p. 152)*

(réponses, p. 152)

exercice 4

Faites l'exercice selon le modèle.

> Modèle: *Ils sont contents: d'être à Paris/de leurs vacances.*
>
> ⟶ *Ils sont contents d'y être. Ils en sont contents.*

a. Il a peur de: son patron/manquer son avion _____

_____

_____

b. Il est capable de: dire des mensonges/finir ce travail _____

_____

_____

c. Tu as envie de: aller à Montréal/vacances _____

_____

_____

d. Elle se souvient de: ses amis/être venue ici _____

_____

_____

e. Nous avons besoin de: argent/nos parents _____

_____

_____

5 **Quelle catégorie?**   (réponses, p. 152)

Indiquez la catégorie à laquelle appartiennent les pronoms (pronoms compléments, réfléchis, réciproques, etc.) dans les phrases suivantes.

a. Pierre et Marie se sont plus à Vancouver._____

b. Il ne nous a pas dit la vérité: il nous a trompés._____

c. Il s'occupe toujours de ce qui ne le regarde pas!_____

d. Avec Paul, vous voyez-vous toujours? _____

e. Depuis que Jean a eu une promotion, lui et Jacques s'ignorent complètement.

_____

6 **Visite au musée**   (réponses, p. 152)

Lisez le texte suivant et répondez aux questions en utilisant les pronoms qui conviennent.

Cet après midi, Marc et son amie Isabelle vont à la Galerie d'art de l'Ontario. Ils s'intéressent à la peinture et vont toujours ensemble voir les expositions. Il fait beau et ils vont se rendre à pied à la Galerie d'art. La femme de Marc, Yvette, ne s'intéresse pas à l'art. Elle s'intéresse surtout à la science et aux techniques. Yvette va donc aller avec Jean, le mari d'Isabelle, au Centre des Sciences. Ainsi, tout le monde sera heureux!

a. Avec qui Marc va-t-il à la Galerie d'art? _____

b. Yvette s'intéresse-t-elle à l'art? _____

c. Isabelle sort-elle avec son mari? _____

d. Marc va-t-il à la Galerie d'art en voiture? _____

e. Jean sort-il avec sa femme? _____

---

7 Conseils *(réponses, p. 152)*

Faites une phrase complète en y incorporant les pronoms personnels qui conviennent.

Conseils donnés à un jeune homme pour garder sa petite amie:
Vous devriez (a) _____ offrir des fleurs (b) _____ inviter au restaurant (c) _____ dire des petits mots d'amour (d) _____ emmener aux matchs de hockey (e) _____ faire des scènes de jalousie.

8 Les pronoms *(réponses, p. 152)*

Remplacez tous les noms dans la phrase ci-dessus par les pronoms qui conviennent.

a. _____   c. _____   e. _____

b. _____   d. _____

De la grammaire à l'écriture

A L'UTILITÉ ET LES DIFFICULTÉS DES PRONOMS DE L'UTILISATION

1. Utilité des pronoms

   Les pronoms personnels permettent d'éviter la redondance, c'est-à-dire de répéter inutilement un segment de phrase. On obtient ainsi une phrase plus concise.

Je vois Pierre.	Je parle à Pierre.
→ Je vois Pierre.	Je lui parle.

2. Difficultés de l'utilisation des pronoms

   a. Choix du pronom

      Comme le nom qu'il remplace, le pronom peut être sujet ou complément d'objet (direct ou indirect).

      Je vois Pierre. → *Je le vois.*

      (*Je* = sujet; *Pierre* et *le* = compléments d'objet direct)

      Je parle à Pierre. → *Je lui parle.*

      (*Je* = sujet; *à Pierre* et *lui* = compléments d'objet indirect)

   b. Place du pronom

      Il existe une difficulté particulière lorsque deux pronoms sont utilisés dans le même segment de phrase.

1. Identifiez les redondances et récrivez les phrases suivantes en utilisant les pronoms qui conviennent.

    a. M. Dupont va vous présenter un sujet d'actualité. Écoutez bien M. Dupont.

    b. Voici l'argent pour faire les courses. Ne perds pas l'argent.

    c. J'ai oublié d'acheter du pain. Peux-tu acheter du pain pour moi?

    d. Tes nouveaux amis — parle-moi un peu de tes nouveaux amis.

    e. Vas-tu à la campagne samedi prochain? Oui, je vais à la campagne samedi prochain.

2. Lisez le texte suivant, qui est une ébauche de scénario de film. Étudiez le choix et la place des pronoms.

ROMA

C'est l'Italie.

C'est Rome.

C'est un hall d'hôtel.

C'est le soir.

C'est la piazza Navona.

Le hall de l'hôtel est vide excepté sur la terrasse, une femme assise dans un fauteuil.

[...]

La femme s'est endormie.

Un homme arrive. C'est aussi un client de l'hôtel. Il s'arrête. Il regarde la femme qui dort.

Il s'assied, il cesse de la regarder.

La femme se réveille.

L'homme lui parle dans la timidité:

—Je vous dérange?

La femme lui sourit légèrement, elle ne répond pas.

—Je suis un client de l'hôtel. Je vous vois chaque jour traverser le hall et vous asseoir là.

Quelquefois vous vous endormez. Et je vous regarde. Et vous le savez.

Silence. Elle le regarde. Ils se regardent. Elle se tait.

—Tiré d'*Écrire* de Marguerite Duras, Éditions Gallimard.

Et maintenant à votre tour! En vous servant du texte ci-dessus comme modèle, rédigez un court scénario en utilisant des pronoms. (Par exemple: la rencontre de Roméo et Juliette le soir du bal, ou la rencontre de Scarlette et de Rhett Butler dans *Autant en emporte le vent [Gone with the wind].*)

1. *le, la, les*

   le, la les   ⟶   article définis

   le, la, les   ⟶   pronoms personnels compléments d'objet direct

2. *leur(s)* et *leur*

   leur(s)   ⟶   adjectif possessif

   leur   ⟶   pronom personnel complément d'objet indirect

3. *ce* et *se*

   ce   ⟶   adjectif démonstratif

   se   ⟶   pronom personnel réfléchi ou réciproque

EXERCICES D'APPLICATION   *(réponses, p. 152)*

1. Dans les phrases suivantes, indiquez si *le, la, les* sont des articles définis ou des pronoms personnels.

   a. Mange **le** gateau, mange-**le** tout.

   _____, _____

   b. **Les** enfants **les** ont laissés devant **la** maison.

   _____, _____

   c. Pierre **la** glace du regard. Passe-moi **la** glace.

   _____, _____

2. Dans les phrases suivantes, indiquez si *leur* ou *leurs* est adjectif possessif ou pronom personnel complément.

   a. Je **leur** trouve mauvaise mine. Ont-ils pris **leurs** vitamines?

   _____, _____

   b. **Leur** livre est sur la table. N'oublie pas de le **leur** donner.

   _____, _____

   c. **Leur** as-tu appris la nouvelle du mariage de **leur** sœur?

   _____, _____

3. Complétez les phrases suivantes avec *ce* ou *se*.

   a. Voyez-vous _____ château qui _____ reflète dans l'eau?

   b. _____ fait est curieux: il _____ fâche souvent mais semble content de vivre ici.

   c. _____ garçon a un comportement imprévisible et ses parents _____ font du souci.

1. L'analyse logique consiste à décomposer la phrase en propositions

Une proposition est formée d'un verbe et des éléments (noms, adjectifs, adverbes...) qui dépendent de ce verbe. Avoir des notions d'analyse logique permet de construire des phrases harmonieuses et équilibrées.

2. Les trois sortes de propositions

–La proposition indépendante.

Elle ne dépend d'aucune proposition et aucune proposition ne dépend d'elle. Elle constitue une phrase simple.

Exemple: *L'argent ne fait pas le bonheur.*

–La proposition principale.

Elle ne dépend d'aucune proposition mais n'est pas complète à elle seule. Elle commande une ou plusieurs propositions subordonnées.

Exemple: *Je souhaite qu'il vienne.*

Je souhaite = proposition principale commandant la proposition subordonné *qu'il vienne.*

–La proposition subordonnée.

Elle dépend d'une des propositions principales. On dit qu'elle lui est subordonnée.

Exemple: *Le rire et les larmes sont deux convulsions involontaires qui concernent principalement le visage.* (Tiré de *Le Miroir aux idées* de Michel Tournier.)

Le rire et les larmes = proposition prinicpale

qui concernent = proposition subordonnée

La proposition principale et sa ou ses subordonnée(s) constituent une phrase complexe.

EXERCICES D'APPLICATION

1. Analysez les phrases suivantes.

Exemple: *Je connais une librairie qui vend des livres rares.*

Je connais = proposition principale

qui vend = proposition subordonnée introduite par le pronom relatif *qui*, dépendant de la proposition principale.

a. Je cherche une chaise où je pourrais m'asseoir.

b. Elle a pris le verre qui était sur la table.

c. La jeune fille que tu aperçois est ma sœur.

d. Ce sont des gens que je connais peu.

e. Mon ami dont le père est médecin suit les mêmes cours que moi.

2. Rédigez cinq phrases simples (propositions indépendantes) et cinq phrases complexes (propositions principale + subordonnée).

A Relevez les pronoms contenus dans le texte ci-dessous et indiquez la catégorie à laquelle appartiennent ces pronoms (sujet, complément d'objet direct, etc.)

(12 × 2 = 24 points)

CHEZ NOUS

Chez nous l'ouvrage se fait rare,
On dirait presque qu'il se cache,
Pendant ce temps-là... par hasard
On commence à jouer aux cartes.

On commence à se débrouiller
Avec le chèque du «bien-être»,
Et un moment donné c'est bête,
On est heureux sans travailler.

Quand le bureau de placement
A du travail sur un chantier,
C'est comme si mentalement,
Nous avions les jambes barrées.

Ils chicanent après nous autres
Mais ce n'est pas de notre faute,
Si pour le bien d'l'économie
Faut rester des grands «boutes»... assis.

—Extrait de «Chez nous» de Raymond Lévesque,
dans *Quand les hommes vivront d'amour*, Éditions TYPO.

petit lexique

«bien-être» (*m*)	*social services; unemployment insurance*
chantier (*m*)	*building site*
chicaner	*to criticize*
débrouiller	*to get along*
grands «boutes»	*long stretches*
ouvrage (*m*)	*employment*

	pronom	catégorie
1.	_____	_____
2.	_____	_____
3	_____	_____
4.	_____	_____
5.	_____	_____
6.	_____	_____
7.	_____	_____
8.	_____	_____
9.	_____	_____
10.	_____	_____

24

B Complétez chaque réponse avec le pronom approprié.   *(10 × 1 = 10 points)*

1. Ce disque est à Marie? Oui, il est à _____.

2. Tu t'habitues à ton nouveau travail? Non, je ne _____ _____ habitue pas.

3. Pierre et toi, parlez-vous de vos projets? Oui, nous _____ parlons.

4. Tu obéis toujours à tes parents? Non, je ne _____ obéis pas toujours.

5. Vas-tu au cinéma avec Jacqueline et Marie? Oui, j'_____ vais avec _____.

6. Pensez-vous souvent à vos parents? Oui, nous pensons souvent à _____.

7. Paul est-il revenu de son voyage en Colombie-Britannique? Non, il n'_____ est pas encore revenu.

8. Allez-vous passer la fin de semaine chez vos grands-parents? Oui, nous allons passer la fin de semaine chez _____.

10

C Dans les phrases suivantes, indiquez le mot ou le groupe de mots qui renvoie aux pronoms.   *(4 × 2 = 8 points)*

1. Son père n'est pas très sévère mais sa mère l'est pour deux.

   Le pronom *l'* remplace _____.

2. Es-tu allé à la soirée des Dupont? Non, je n'y étais pas invité.

   Le pronom *y* remplace _____.

3. Prépares-tu ton prochain voyage? Non, je n'y pense même pas.

   Le pronom *y* remplace _____.

4. Avez-vous vu la directrice? Oui, je l'ai aperçue tout à l'heure.

   Le pronom *l'* remplace _____.

8

D Complétez les phrases avec
le, la, les, leur, leurs, se ou _ce_.

(8 × 1 = 8 points)

1. _____ amis _____ sont décidés à venir _____ rendre visite.

2. _____ n'est pas vrai que sa femme _____ trompe.

3. Ma fiancée, je _____ trouve merveilleuse. Je _____ répète souvent.

4. Quelles belles fleurs! Où _____ as-tu achetées?

(réponses, p. 152)

Résultat du test

$$\frac{\quad}{50} \times \mathbf{2} = \frac{\quad}{100}$$

LES TEMPS DU PASSÉ (PASSÉ COMPOSÉ, IMPARFAIT, PLUS-QUE PARFAIT)

Diagnostique

exercice

1 Le passé composé

(réponses, p. 152–153)

Mettez les verbes dans les phrases suivantes au passé composé. Faites attention au choix de l'auxiliaire et à l'accord du participe passé.

a. Le petit garçon a peur. *Le p'tit garçon a eu peur.*

b. Vous ne pouvez pas sortir. *Vous n'avez pas pu sortir*

c. Tu vas trop loin. *Tu es allé trop loin*

d. Elle descend les valises à la cave. *Elle a descendu les valises à la cave.*

e. Qui écrit cela? *Qui a écrit cela?*

f. Elles tombent de bicyclette. *Elles sont tombées de bicyclette*

g. Ils se marient en mars. *Ils se sont mariés en mars.*

h. Ils dorment pendant le cours. *Ils ont dormi pendant le cours.*

i. Pierre part à 7 heures. *Pierre est parti à 7 heures*

j. Elle sort promener son chien. *Elle est sortie promener son chien*

k. Nous faisons de notre mieux. *Nous avons fait de notre mieux*

l. Elle marche vite. *Elle est marchée vite*

m. Tous les touristes descendent au même hôtel. *Tous les touristes sont descendus*

n. Il se met à pleuvoir. *Il s'est mis à pleuvoir.*

o. Ton ami vient-il? *Ton ami est-il venu*

15

exercice

2 Les temps du passé

(réponses, p. 153)

Mettez les verbes entre parenthèses au temps du passé (imparfait, passé composé, plus-que-parfait).

La journée (**a.** tourner) *a tourné* encore un peu. Au-dessus des toits, le ciel
(**b.** devenir) *est devenu* rougeâtre et, avec le soir naissant, les rues
(**c.** s'animer) *se sont animées.* Les promeneurs (**d.** revenir) *revenaient* peu à peu.
J' (**e.** reconnaître) *ai reconnu* le monsieur distingué au milieu d'autres. Les enfants (**f.**
pleurer) *pleuraient* ou (**g.** se laisser) *se laissaient* traîner. Presque aussitôt, les cinémas
du quartier (**h.** déverser) *ont déversé* dans la rue un flot de spectateurs. Parmi eux, les

jeunes gens (**i.** avoir) _avaient_ des gestes plus décidés que d'habitude et
j' (**j.** penser) _ai pensé_ qu'ils (**k.** voir) _avaient vu_ un film d'aventures. Ceux qui (**l.** revenir) _revenaient_ des cinémas de la ville [...] (**m.** sembler) _semblaient_ plus graves. Ils (**n.** rire) _riaient_ encore, mais de temps en temps, ils (**o.** paraître) _paraissaient_ fatigués et songeurs.

—Tiré de *L'Étranger* d'Albert Camus, Éditions Gallimard.

Grammaire

LA FORMATION DU PASSÉ COMPOSÉ

1. Le passé composé se forme avec l'auxiliaire *être* ou *avoir* au présent de l'indicatif et du participe passé du verbe conjugué.

   *Hier, j'ai dîné au restaurant et je **suis allé** au cinéma.*

2. Pour former le passé composé, il est très important de connaître le participe passé du verbe utilisé.

   Phonétiquement, on peut regrouper les participes passés les plus courants de la manière suivante.

Verbes réguliers

Les participes passés

Participes en -é
(tous les verbes en -*er*)   manger   mangé

Participes en -u

avoir	eu	perdre	perdu	connaître	connu
lire	lu	vouloir	voulu	disparaître	disparu
voir	vu	devoir	dû	plaire	plu
boire	bu	pouvoir	pu	pleuvoir	plu
entendre	entendu	savoir	su	recevoir	reçu
attendre	attendu	croire	cru	venir	venu
répondre	répondu	falloir	fallu	vivre	vécu

Participes en -i ou -is ou -it

finir	fini	prendre	pris	dire	dit
grandir	grandi	apprendre	appris	écrire	écrit
choisir	choisi	comprendre	compris	conduire	conduit
réussir	réussi	mettre	mis		

Autres terminaisons

être	été	offrir	offert
faire	fait	peindre	peint
ouvrir	ouvert	craindre	craint

3. Il est aussi important de savoir si le verbe se construit avec *être* ou *avoir*.

   a. passé composé avec *avoir*

      La majorité des verbes français se construisent avec *avoir*.

         *J'**ai** pris l'avion.*

   b. passé composé avec *être*

      Les verbes qui décrivent des activités fondamentales de l'être vivant se construisent avec l'auxiliaire *être*.

         *Elle **est** née à Paris.*

         *Ils **sont** sortis à 7 heures.*

Verbes qui se conjuguent avec *être*

venir	entrer	arriver	monter	naître
retourner	passer	rester	tomber	devenir
aller	sortir	partir	descendre	mourir

   c. passé composé avec *être* ou *avoir*

      Les verbes comme *descendre, monter* et *sortir* se construisent avec *avoir* s'ils ont un complément d'objet direct.

         *Pierre **a** descendu les valises à la cave. Claudine **est** descendue à la cave.*

         *Yvette **a** monté les livres dans sa chambre. Jean-Claude **est** monté se coucher.*

   d. verbes pronominaux

      Les verbes pronominaux se construisent toujours avec *être*.

         *Ce matin, Pierre s'**est** levé à huit heures, s'**est** habillé rapidement, s'**est** dépêché de déjeuner.*

4. L'accord du participe passé constitue une difficulté particulière du français par rapport à l'anglais. Il faut distinguer:

   a. le participe passé employé avec *avoir*

      Le participe passé employé avec *avoir* s'accorde avec le complément d'objet direct **seulement si** ce complément est placé **avant** le verbe. Si le complément d'objet direct est placé **après** le nom ou s'il n'y a pas de complément d'objet direct, il n'y a pas d'accord.

         Pierre a mangé une pomme. Marie a mangé une pomme.

         Pierre et Marie ont mangé une pomme.

         La pomme que Pierre a mangée était bien mûre.

         Laquelle a-t-il mangée?

   b. le participe passé employé avec *être*

      Le participe passé employé avec *être* s'accorde en genre (féminin/masculin) et en nombre (singulier/pluriel) avec le sujet.

         Pierre est sorti à 7 heures.

         Marie est sortie à 7 heures.

         Yvette et Marie sont sorties à 7 heures.

c. le participe passé des verbes pronominaux

La règle appliquée est la même que pour le participe passé employé avec le verbe *avoir.*

>*Pierre s'est coupé. Marie s'est coupée. Pierre et Marie se sont coupés.*

>*Marie s'est coupé le doigt. Pierre et Marie se sont coupé le doigt.*

Dans l'exemple «Marie s'est coupé le doigt.», *le doigt* est un complément d'objet direct placé après le verbe, donc il n'y a pas d'accord.

Tableau récapitulatif de l'accord du participe passé

Verbe	Accord avec sujet	Accord avec c.o.d. (placé avant le verbe)	Pas d'accord
avoir être	Marie est sortie. Ils sont sortis.	Voici la pomme qu'il a mangée.	Elle a mangé.
pronomi- naux	Marie s'est coupée.	Voici les robes qu'elle s'est achetées.	Elle s'est coupé le doigt.

L'EMPLOI DU PASSÉ COMPOSÉ

L'emploi du passé composé

1. Le passé composé s'emploie pour indiquer une action passée nettement déterminée dans son commencement ou dans sa fin.

2. On peut visualiser le passé composé par un point ou une succession de points dans le temps.

>*Vers trois heures, on a frappé à la porte. Raymond est entré mais je suis resté couché et il s'est assis sur le bord de mon lit.*

>—Tiré de *L'étranger* d'Albert Camus.

on a frappé	Raymond est entré	je suis resté	il s'est assis
•	•	•	•

Les quatre actions sont des actions-points qui se sont produites à un moment précis et qui ne sont pas reproduites, d'où l'emploi du passé composé.

3. Dans les textes littéraires, le passé simple est souvent utilisé à la place du passé composé.

>*Soudain, dans la cour derrière lui, une pluie lourde croula. Le sol sec et durci sonna comme une cloche. Et l'énorme parfum de la terre monta...*

>—Tiré de *Jean-Christophe* de Romain Rolland.

Croula, sonna et *monta* sont des formes de la troisième personne du singulier du passé simple.

LA FORMATION DE L'IMPARFAIT

1. Pour former l'imparfait, on ajoute au radical de la deuxième personne du pluriel du présent les terminaisons suivantes: *-ais, -ais, -ait, -ions, -iez, -aient.*

chanter	dire
nous **chantons** ⟶ radical = chant	nous **disons** ⟶ radical = dis
je chant**ais**	je dis**ais**
tu chant**ais**	tu dis**ais**
elle/il chant**ait**	elle/il dis**ait**
nous chant**ions**	nous dis**ions**
vous chant**iez**	vous dis**iez**
elles/ils chant**aient**	elles/ils dis**aient**

2. Comme au présent, certains verbes en *-er* subissent des modifications orthographiques. Quand un radical se termine par un *g*, on ajoute un *e* avant la terminaison de l'imparfait. Quand un radical se termine en *c*, celui-ci devient un *ç* avant la terminaison.

> *je mangeais*   *ils commençaient*

L'EMPLOI DE L'IMPARFAIT

1. L'imparfait exprime toujours une action ou des états dont le commencement et la fin ne sont pas indiqués. C'est le temps utilisé dans la description au passé.

> *Elle **pensait** que ce qu'il **disait** était banal.*

2. L'imparfait sert aussi à exprimer la répétition (l'imparfait d'habitude).

> *C'était le vendredi que mon oncle **faisait** sa lessive.*

3. Visuellement, on peut représenter l'imparfait dans le temps par une ligne continue.

> *En ce temps-là, la vie **était** plus belle et le soleil plus brûlant qu'aujourd'hui.*
>
> —Tiré de «*Les feuilles mortes*» de Jacques Prévert.

Dans cette description, la notion de temps est imprécise.

LA FORMATION DU PLUS-QUE-PARFAIT

1. On forme le plus-que-parfait avec l'auxiliaire *être* ou *avoir* à l'imparfait et le participe passé du verbe utilisé.

> *J'ai vendu l'année dernière l'appartement que j'**avais acheté** en 1987.*

2. Les règles concernant le choix de l'auxiliaire et de l'accord du participe passé sont exactement les mêmes que celles présentées pour le passé composé.

> *Elle s'était tromp**ée**.*

L'EMPLOI DU PLUS-QUE-PARFAIT

Le plus-que-parfait est employé pour indiquer qu'une action précède une autre action dans le passé.

> *Les gens de Massitissi qui nous attendaient avec impatience* **avaient envoyé** *des wagons, des conducteurs pour faciliter notre retour. Notre dévouée Marie* **était venue***, elle aussi, pour nous aider…*
>
> —Tiré de *Comme ton père* de Guillaume Le Touze.

Les actions *avaient envoyé* et *était venue* sont antérieures à l'action du verbe *attendaient*, d'où l'emploi du plus-que-parfait.

L'EMPLOI DES TEMPS DU PASSÉ

L'emploi des temps du passé est différent en français et en anglais. Un conseil: n'essayez pas de traduire littéralement les temps anglais mais visualisez:

action point = passé composé   action ligne = imparfait

Je **(1)** suis née à quatre heures du matin, le 6 janvier 1908 dans une chambre aux meubles laqués de blanc qui **(2)** donnait sur le boulevard Raspail. Nous **(3)** passions l'été en Limousin, dans la famille de papa. Mon grand-père **(4)** s'était retiré près d'Uzerche, dans une propriété achetée par son père.

> —Tiré de *Simone de Beauvoir et le cours du monde* de Simone de Beauvoir.

verbe 1: passé composé = action point

verbe 2: imparfait = description

verbe 3: imparfait d'habitude = actions répétées

verbe 4: plus-que-parfait = action antérieure à l'action précédente

Tableau récapitulatif

Passé composé	Imparfait
Durée limitée *Il a travaillé entre 6 h et 7 h.*	Action non terminée *Après son départ, elle était triste.*
Action-point *Hier, j'ai vu ta sœur.*	Description *Elle portait un manteau rouge.*
Série d'actions points *Hier, elle a lu, dessiné…*	Action commencée puis interrompue *Je dînais quand il est arrivé.*
Succession d'actions terminées *L'été dernier, j'ai nagé tous les jours.*	Actions habituelles *Chaque jour, j'allais nager.*
Avec depuis + négation *Il n'a pas mangé depuis trois jours.*	Avec depuis *Il pleuvait depuis trois jours quand il est arrivé à Londres.*

Textes

LA BATTEUSE

La batteuse est arrivée
La batteuse est repartie

Ils ont battu le tambour
ils ont battu les tapis
ils ont tordu le linge
ils l'ont pendu
ils l'ont repassé
ils ont fouetté la crème et l'ont renversée
ils ont fouetté un peu leurs enfants aussi
ils ont sonné les cloches
ils ont égorgé le cochon
ils ont grillé le café
ils ont fendu le bois
ils ont cassé les œufs
[...]
ils se sont donné un coup de main
ils se sont rendu les coups de pied
[...]
ils se sont étranglés étouffés tordus de rire
ils ont crié et ils ont hurlé ils ont chanté
ils ont dansé
ils ont dansé autour des granges où le blé était enfermé
[...]

—Tiré de *Paroles* de Jacques Prévert, Éditions Gallimard

petit lexique

batteuse (*f*)	*threshing machine*
égorger	*to cut the throat of*
étouffer (s'—)	*to choke with laughter*
étrangler (s'—)	*to strangle*
fendre	*to chop wood*
fouetter	*to whip*
pendre	*to hang up*
repasser	*to iron*

1. Relevez les verbes contenus dans le texte et indiquez pour chacun d'eux la forme infinitive.

2. Justifiez la forme du participe passé pour chacun des verbes du texte.

3. Faites une courte phrase avec chacun des verbes suivants: *se donner un coup de main, s'étrangler, se tordre de rire, repartir.*

4. En vous inspirant du poème étudié, rédigez de courtes phrases au passé composé. Variez les verbes utilisés et faites attention au choix de l'auxiliaire et à l'accord du participe passé.

B L'IMPARFAIT

UN PETIT VILLAGE DU LIBAN

[...] Le village entier appartenait alors à un même seigneur féodal. Il était l'héritier d'une longue lignée de cheikhs. [...]

Ce n'était pas l'un des personnages les plus puissants du pays. Entre la plaine orientale et la mer, il y avait des dizaines de domaines plus étendus que le sien. Il possédait seulement Kfaryabda et quelques fermes autour. [...]

Ils (les habitants du village) étaient nombreux, chaque matin, à prendre le chemin du château pour attendre son réveil, se pressant dans le couloir qui mène à sa chambre. Et lorsqu'il paraissait, ils l'accueillaient par cent formules de vœux, à haute voix, cacaphonie qui accompagnait chacun de ses pas.

La plupart d'entre aux étaient habillés comme lui, séroual noir bouffant, chemise blanche à rayures, bonnet couleur de terre, et tout le monde ou presque arborait les mêmes moustaches épaisses et bouclées vers le haut dans un visage glabre. Ce qui distinguait le cheikh? Seulement ce gilet vert pomme, agrémenté de fils d'or, qu'il portait en toute saison. [...]

—Tiré de *Le Rocher de Tanios* de Amin Maalouf, Éditions Grasset.

petit lexique

arborer	*to sport*
bouffant(e)	*puffed* (vêtement)
cheikh (*m*)	*sheik*
fil (*m*)	*thread*
glabre	*hairless*
séroual (*m*)	pantalons traditionnels portés par les hommes dans les pays du Moyen-Orient

1. Relevez les verbes à l'imparfait contenus dans l'extrait et justifiez l'emploi de ce temps.

2. «…qui mène à sa chambre…»: Justifiez l'emploi du présent.

3. En quelques phrases, décrivez, au passé, les vêtements caractéristiques d'un groupe de personnes, par exemple, danseurs d'une troupe folklorique (Écossais, Mexicains, Ukrainiens…).

C   LES TEMPS DU PASSÉ

SOUVENIRS D'UN SÉJOUR À CEYLAN

À minuit, j'ai traversé le Fort, léger comme une plume pour mettre le pli à l'autobus rose qui part pour la capitale. Mardi soir, jamais quatre jours n'ont passé si vite. Vingt-cinq pages: j'ignore si c'est bon mais cela ressemble assez à ce que j'ai vécu[…] Je m'arrêtais à chaque coin de rue pour noter ces bribes, tenant d'une main mon papier contre le meu. Suis allé m'asseoir sous le banian voisin de l'auberge, à prendre la brise du large et à me demander si cette dictée allait continuer. Mal dormi à cause de fulgurants nuages couleur d'huître qui couvraient et découvraient la pleine lune. Le jour venu, j'ai acheté un ananas, une petite raie, quelques cigares et un quart de rhum[…] Alors seulement j'ai pensé au courrier, j'avais une lettre d'Europe que je suis allé lire à la gargote des dockers[…]

—Tiré de *Le Poisson-Scorpion* de Nicolas Bouvier, Éditions Gallimard.

petit lexique

banian (*m*)	*fig tree from India*
bribe (*f*)	*snatch*
gargote (*f*)	*eating house*
huître (*f*)	*oyster*
pli (*m*)	*letter*
raie (*f*)	*skate*

1. Relevez les verbes à l'imparfait et au passé composé. Justifiez l'emploi de ces deux temps.

2. Dans le segment «qui part pour la capitale»: justifiez l'emploi du présent de l'indicatif.

3. En vous servant de l'extrait étudié comme modèle, rédigez un court passage dans lequel vous utiliserez le passé composé et l'imparfait.

D   LES TEMPS DU PASSÉ

UNE EXPOSITION DE TABLEAUX

Pendant l'hiver 69–70 j'ai visité longuement, à plusieurs reprises, l'exposition Klee. J'avais déjà vu à Paris des expositions de ses œuvres [...] ; à Bâle et dans d'autres musées, j'étais tombée en arrêt devant ses toiles. Déjà je le considérais comme le plus grand de tous les peintres modernes. [...] Chez lui, la peinture, c'est d'abord la couleur. [...] Villes, maisons, jardins, faune et flore lui servent de prétexte pour pulvériser l'arc-en-ciel et en rassembler les morceaux à sa guise. [...] Il s'inspire de la réalité mais il la découvre à neuf. Il aimait les dessins d'enfants: «Il y a une sagesse à la source de leurs dons», disait-il. Il a gardé cette sagesse.

—Tiré de *Tout compte fait* de Simone de Beauvoir, Éditions Gallimard.

petit lexique

arc-en-ciel (*m*)	*rainbow*
sagesse (*f*)	*wisdom*
tomber en arrêt	*to stop short*

EXPLOITATION

1. Relevez les verbes au passé contenus dans le texte et indiquez pour chacun d'eux la forme infinitive.

2. Justifiez l'emploi des temps du passé.

3. «Chez lui, la peinture, c'est d'abord la couleur.»: Justifiez l'emploi du présent de l'indicatif.

4. Rédigez un court paragraphe pour communiquer vos réactions à la lecture d'un livre ou à un film.

E   LE PASSÉ SIMPLE

Dans cet extrait, l'auteur utilise le passé simple (passé littéraire) au lieu du passé composé.

LA TRAVERSÉE

Une houle légère et courte faisait rouler le navire dans la chaleur de juillet. Jacques Cormery, étendu à demi nu dans sa cabine, regardait danser sur les rebords de cuivre du hublot les reflets du soleil émietté sur la mer. Il se leva [= s'est levé] d'un bond pour couper le ventilateur qui séchait la sueur dans ses pores et il se laissa [= s'est laissé] aller sur sa couchette, dure et étroite comme il aimait que soient les lits. Aussitôt, des profondeurs du navire, le bruit sourd des machines monta [= est monté] en vibrations amorties.... Mais il faisait trop chaud sur le pont; après le déjeuner, des passagers abrutis de mangeaille s'étaient abattus sur les transatlantiques ou avaient fui dans les coursives à l'heure de la sieste....

—Tiré de *Le Premier Homme* d'Albert Camus, Éditions Gallimard.

petit lexique

abruti(e)	*stunned*
amorti(e)	*softened*
coursive (*f*)	*gangway*
émietté(e)	*crumbled*
houle (*f*)	*swell*
hublot (*m*)	*porthole*
mangeaille (*f*)	*food* (sens péjoratif)
pore (*m*)	*pore*
sueur (*f*)	*sweat*

EXPLOITATION

1. Justifiez l'emploi des temps du passé (passé simple, imparfait ou plus-que-parfait).

2. En utilisant les temps du passé, racontez un voyage en bateau ou en avion.

Exercices complémentaires

(réponses, p. 153)

exercice

1 Les années soixante

Mettez les verbes entre parenthèses au passé composé. Attention au choix de l'auxiliaire.

a. 1960: John Kennedy (devenir) _____ président des États-Unis.

b. 1961: Le mur de Berlin (se construire) _____ en une nuit.

c. 1962:   Marilyn Monroe (se suicider) _____.

d. 1963:   Lee Harvey Oswald (assassiner) _____ le président Kennedy à Dallas.

e. 1966:   La Révolution culturelle (commencer) _____ en Chine.

f. 1967:   Les colonels (prendre) _____ le pouvoir en Grèce.

g. 1968:   En France, les étudiants (manifester) _____ leur mécontentement et
les ouvriers (faire) _____ la grève.

h. 1969:   Un homme (marcher) _____ sur la lune.

exercice

2   La journée de Marie

(à faire corriger)

Décrivez les différentes activités de Marie en utilisant des verbes variés au passé
composé.

a. réveil à 8 h

b. toilette à 8 h 15

c. petit déjeuner à 8 h 30

d. départ à 8 h 45

e. arrivée à l'école à 9 h 00

f. déjeuner à 12 h

g. autobus à 3 h

h. retour à la maison à 3 h 15

i. devoirs à 3 h 30

j. dîner à 6 h

k. film à la télévision à 7 h

l. coucher à 10 h

_____

_____

_____

_____

_____

_____

_____

_____

_____

3 Napoléon (1769–1821)

(réponses, p.153)

Complétez cet extrait de la biographie de Napoléon en choisissant les verbes ci-dessous qui conviennent. Utilisez le passé composé.

recevoir   se couronner   devenir   naître   faire
se distinguer   commander   mourir   permettre   revenir

Napoléon (**a**) _____ à Ajaccio. Il (**b**) _____ son éducation militaire au collège de Brienne et (**c**) _____ comme capitaine d'artillerie au siège de Toulon. Il (**d**) _____ la campagne d'Italie et ensuite la campagne d'Égypte. Il (**e**) _____ en France et (**f**) _____ un coup d'état qui lui (**g**) _____ de prendre le pouvoir. Il (**h**) _____ Premier Consul. En 1804, il (**i**) _____ Empereur des Français. Après sa défaite à Waterloo, il (**j**) _____ à Sainte-Hélène.

4 Suite logique

(réponses, p. 153)

Complétez chaque phrase de la liste A avec la phrase de la liste B qui en est la suite logique.

A

1. Je n'ai pas compris pourquoi il refusait ce poste.   ___

2. Elle m'a dit pourquoi elle avait voulu le quitter.   ___

3. Elle m'a dit qu'elle ne pouvait pas partir en vacances.   ___

4. Il m'a expliqué ce qu'il voulait faire.   ___

5. Je lui ai demandé s'il avait pu la prévenir.   ___

B

a. Il m'a dit qu'elle avait été prévenue.

b. Mais j'ai insisté pour qu'elle parte en vacances.

c. Elle était tombée amoureuse d'un autre homme.

d. Je crois qu'il a eu tort.

e. J'espère qu'il va réussir.

5 Le monsieur au long cou

(réponses, p. 153)

Dans le texte suivant, tous les verbes sont à l'imparfait. Lisez attentivement le texte et décidez quels verbes peuvent être mis au passé composé pour exprimer une action point.

C'était midi. Les voyageurs montaient dans l'autobus. On était serré. Un jeune monsieur portait sur sa tête un chapeau qui était entouré d'une tresse et non d'un ruban. Il avait un long cou. Il se plaignait auprès de son voisin des heurts que ce dernier lui infligeait. Dès qu'il apercevait une place libre, il se précipitait vers elle et s'y asseyait.

Je l'apercevais plus tard, devant la gare Saint-Lazare. Il se vêtait d'un pardessus et un camarade qui se trouvait là faisait cette remarque: il fallait mettre un bouton supplémentaire.

—Tiré d'*Exercices de style* de Raymond Queneau, Éditions Gallimard.

a. _____   g. _____

b. _____   h. _____

c. _____   i. _____

d. _____   j. _____

e. _____   k. _____

f. _____

6 ## Les accords *(réponses, p. 153)*

Complétez les phrases suivantes en mettant les verbes à l'infinitif au passé composé.

a. Les garçons que ma sœur (inviter) _____ étaient très sympathiques.

b. Elle a fait une erreur et elle (ne pas s'en apercevoir) _____.

c. Nous avons acheté tous les disques que nous (trouver) _____ dans le magasin.

d. Elle (se tuer) _____ dans un accident de voiture.

e. Depuis leur dispute, ils (ne plus se parler) _____.

f. Isabelle et sa sœur (s'inscrire) _____ à un cours de danse.

g. On a dû lui plâtrer la jambe qu'elle (se casser) _____ aux sports d'hiver.

h. J'ai copié les cassettes de musique que tu m' (prêter) _____.

i. Les champignons que nous (ramasser) _____ étaient vénéneux.

j. Ils (se connaître) _____ l'été dernier à la plage.

7 ## Imparfait et plus-que-parfait *(réponses, p. 153)*

Composez des phrases avec les éléments suivants d'après l'exemple donné.

Exemple: Dès qu'elle était rentrée à la maison, elle préparait le dîner.

Sujet	Expression de temps	Action 1	Action 2
a. Il	quand	visiter un musée	prendre des notes
b. Elle	lorsque	finir son travail	se sentir soulagée
c. L'artiste	aussitôt	terminer un tableau	l'exposer dans une galerie d'art
d. Il	chaque fois que	trop boire	devenir agressif

exercice

a. _____

b. _____

c. _____

d. _____

De la grammaire à l'écriture

A **L'UTILISATION DES PRÉFIXES ET DES SUFFIXES**

L'utilisation des préfixes et des suffixes permet d'éviter les répétitions.

1. Les préfixes

   Les préfixes se placent devant le radical d'un mot (verbe, nom, adjectif) et permettent d'obtenir un nouveau mot.

   Exemples: venir ⟶ re/venir = venir à nouveau

   mener ⟶ em/mener = mener avec soi

   buvable ⟶ im/buvable = qui n'est pas buvable

   honnête ⟶ mal/honnête = qui n'est pas honnête

   possibilitè ⟶ im/possibilité = contraire de possibilité

2. Les suffixes

   Les suffixes sont des terminaisons ajouteés à des verbes, des noms, des adjectifs et permettent de créer de nouveaux mots. Les suffixes sont souvent utilisés pour indiquer une idée de diminution.

   Exemples: une fille/**tte** = une petite fille

   blanch/**âtre** = d'un blanc pas net

EXERCICES D'APPLICATION   *(réponses, p. 153)*

1. En utilisant le préfixe qui convient, formez le contraire des adjectifs suivants. Vérifiez dans le dictionnaire unilingue l'orthographe des mots ainsi obtenus.

   a. capable   c. habituel

   b. croyable   d. pur

2. En utilisant les préfixes *dé-* ou *ré*, formez de nouveaux verbes à partir des verbes suivants. Précisez le sens de ces verbes.

   a. appeler   d. construire

   b. bondir   e. geler

   c. coller   f. ranger

3. Formez le diminutif des noms suivants en utilisant le suffixe qui convient. Vérifiez dans le dictionnaire unilingue l'orthographe des noms ainsi obtenus.

a. boule

b. garçon

c. fourche

d. lion

e. maison

f. tarte

B   LES MOTS DE TRANSITION

Les **mots de transition** ou «mots-charnières» permettent de lier et d'ordonner les idées qu'on veut exprimer. Les mots de transition sont donc très importants.

1. Dans le récit, ils servent à préciser la chronologie des événements.

2. Dans l'exposé d'idées (la dissertation), ils servent à lier les idées les unes par rapport aux autres.

3. Classification des mots de transition

   a. **Les adverbes et les locutions adverbiales** de temps établissent la chronologie des actions et événements. Parmi les plus utilisés sont les suivants:

   alors, après, aujourd'hui, autrefois, demain, hier

   d'abord, bientôt, ensuite, puis, soudain

   jamais, longtemps, quelquefois

   tard, tôt, tout à l'heure

   b. Les *conjonctions de coordination et les locutions conjonctives* servent à lier deux éléments de même nature et de même fonction.

   *Dans la pièce, il voit un bureau **et** des chaises.*

   *À ses moments libres, il lit **ou** il écoute de la musique.*

Conjonctions de coordination et locutions conjonctives

Fonction	Conjonctions/Locutions
liaison	et, ni, puis, ensuite, aussi, comme
cause	car, en effet
conséquence	donc, aussi, par conséquent, c'est pourquoi
transition	donc
opposition	mais, cependant, pourtant, par contre
alternative	ou, soit
explication	c'est-à-dire

RENCONTRE DE LA JEUNE FILLE ET DU RICHE CHINOIS

D'abord, l'homme élégant descend de sa limousine et il allume une cigarette anglaise. Puis, il regarde la jeune fille au feutre d'homme et aux chaussures d'or. Ensuite, il s'avance vers elle lentement. Sans aucun doute, il est intimidé. D'abord, il ne sourit pas. Enfin, il lui offre une cigarette. Sa main tremble.

Elle lui dit qu'elle ne fume pas. Elle ne dit rien d'autre. Elle reste là à l'écouter. C'est pourquoi il a moins peur. Elle attend. Soudainement, il lui demande: «Mais d'où venez-vous?» Elle lui répond qu'elle est la fille de l'institutrice de l'école de Sadec. Alors, il réfléchit et puis il dit qu'il a entendu parler ce cette dame. Comme elle ne répond rien, il lui dit que le chapeau lui va bien, que c'est original un chapeau d'homme et comme elle est si jolie, elle peut tout se permettre.

Tout à coup, elle lui demande qui il est. Il lui répond qu'il habite aussi à Sadec dans la grande maison avec les grandes terrasses aux balustrades de céramiques bleues.

—Tiré de *L'Amant* de Marguerite Duras, Éditions de Minuit.

Lisez attentivement ce texte (scénario de film) en relevant et an analysant les mots de transition. Ces mots servent-ils à établir la chronologie des actions ou un lien logique entre ces actions?

DANS LE RESTAURANT DE CÉLESTE

J'ai dîné chez Céleste. J'avais déjà commencé à manger lorsqu'il est entré une bizarre petite femme qui m'a demandé si elle pouvait s'asseoir à ma table. Naturellement, elle le pouvait. Elle avait des gestes saccadés et des yeux brillants dans une petite figure de pomme. Elle a appelé Céleste et a commandé immédiatement tous ses plats d'une voix à la fois précise et précipitée. En attendant les hors-d'œuvres, elle a ouvert son sac et en a sorti un petit carré de papier et un crayon, fait d'avance l'addition, puis a tiré d'un gousset, augmentée du pourboire, la somme exacte qu'elle a placée devant elle. À ce moment, on lui a apporté des hors-d'œuvres qu'elle a engloutis à toute vitesse. En attendant le plat suivant, elle a encore sorti de son sac un crayon bleu et un magazine qui donnait les programmes radiophoniques de la semaine. Avec beaucoup de soin, elle a coché une à une presque toutes les émissions. Comme le magazine avait une douzaine de pages, elle a continué ce travail méticuleusement pendant tout le repas. J'avais déjà fini qu'elle cochait encore avec la même application. Puis, elle s'est levée, a mis sa jaquette avec les mêmes gestes d'automate et elle est partie.

—Tiré de *L'Étranger*, d'Albert Camus, Éditions Gallimard.

petit lexique

addition (*f*)	*bill*
cocher	*to check off; to tick*
engloutir	*to swallow up*
gousset (*m*)	*fob*
saccadé(e)	*jerky*

1. Utilisez des mots de transition pour établir un lien chronologique et logique entre les différentes actions présentées dans ce texte.

2. En utilisant des mots de transition, racontez une journée particulière que vous avez vécue.

C   LES HOMONYMES

1. *plu* et *plu*

   plu = participe passé du verbe *plaire*

   plu = participe passé du verbe *pleuvoir*

2. *du* et *dû*

   du = contraction de *de le*

   dû = participe passé du verbe *devoir*

EXERCICE D'APPLICATION

Complétez les phrases suivantes avec *plu, du* ou *dû*.

a. Le dernier film de Robert de Niro m'a beaucoup _____.

b. Il a _____ s'arrêter de travailler parce qu'il était malade.

c. Pendant notre séjour à Londres, il a beaucoup _____.

d. Prendrez-vous _____ thé ou _____ café?

A Relevez les verbes aux temps du passé et donnez pour chacun d'eux la forme infinitive. Justifiez l'emploi de chaque temps.   *(10 × 2 = 20 points)*

UN CONTE POUR ENFANTS DE MOINS DE TROIS ANS

Josette a frappé à la porte de la chambre des parents. Maman était partie, elle n'était pas dans le lit. Elle était peut-être sous le lit, elle était peut-être dans l'armoire, mais l'armoire était fermée à clef. Josette n'a pas pu voir sa maman. Jacqueline a dit à Josette que sa maman était partie de bonne heure car elle aussi s'était couchée tôt.

   —Tiré de *Présent passé, passé présent* de Eugène Ionesco, Mercure de France.

	Verbe (infinitif)	*Emploi*
1.	_____	_____
2.	_____	_____
3.	_____	_____
4.	_____	_____
5.	_____	_____
6.	_____	_____
7.	_____	_____
8.	_____	_____
9.	_____	_____
10.	_____	_____

20

B **Complétez les phrases suivantes en mettant les verbes entre parenthèses au temps du passé qui convient.**

(15 × 1 = 15 points)

1. En trente-six ans, Marie-Claire Blais (signer) _____ vingt romans.

2. Ce jour-là, on lui (proposer) _____ d'être candidate aux élections provinciales.

3. Il (faire) _____ particulièrement froid cet hiver-là.

4. «Grâce à elle, nos affaires (se développer) _____ » nous (dire) _____ Charles Lambert, président de Plastilax.

5. Depuis le début, on (ne jamais obtenir) _____ de faveur de personne.

6. Je (ne pas savoir) _____ qu'elle (arriver) _____ lundi dernier.

7. Le dernier concert de Céline Dion, qui (avoir) _____ lieu lundi dernier, c'(être) _____ formidable.

8. Quand il (apprendre) _____ que son patron (aller) _____ le congédier, il (démissionner) _____.

9. Elle (ne pas pouvoir) _____ entrer dans son bureau parce qu'elle (perdre) _____ ses clés.

15

C Vérifiez les participes passés des phrases suivantes et faites l'accord si nécessaire. *(6 × 2 = 12 points)*

1. Les robes qu'elles a acheté_____ sont très belles.

2. Il s'est lavé_____ les mains.

3. Ils ne s'étaient pas disputé_____ durant leur voyage de noces.

4. Elle ne s'est pas maquillé_____ aujourd'hui.

5. Elle s'est évanoui_____ en le voyant.

6. Elle leur a écrit_____ une longue lettre.

D Complétez les phrases suivantes avec *plu*, *du* ou *dû*. *(3 × 1 = 3 points)*

1. Il a _____ lui prêter la clé _____ bureau.

2. Durant nos vacances, il a _____ presque tous les jours.

(réponses, p. 153)

Résultat du test

$$\frac{\quad}{50} \times 2 = \frac{\quad}{100}$$

six

LE FUTUR ET LE CONDITIONNEL; LA PHRASE HYPOTHÉTIQUE

Diagnostique

1 **Un jour tu verras**   *(réponses, p. 153)*

Mettez au futur simple les verbes entre parenthèses.

UN JOUR TU VERRAS

On (**a.** se rencontrer) _se rencontrera_

Quelque part, n'importe où

Guidés par le hasard.

Nous (**b.** se regarder) _nous regarderons_

Et nous (**c.** se sourire) _nous sourirons_

Et la main dans la main

Par les rues nous (**d.** aller) _irons._

Le temps passe si vite

Le soir (**e.** cacher) _cachera_ bien

Nos cœurs, ces deux voleurs

Qui cachent leur bonheur

Puis nous (**f.** arriver) _arriverons_

Sur une place grise

Il y (**g.** avoir) _aura_ un bal

Très pauvre et très banal.

Puis je t'(**h.** inviter) _inviteras_

Ta taille je (**i.** prendre) _prendrai_

On (**j.** danser) _dansera_ tranquilles

Loin des gens de la ville.

—«Un jour tu verras» de Marcel Mouloudji et Georges van Parys.

10

2 Au conditionnel

(réponses, p. 153)

Mettez les verbes entre parenthèses au conditionnel présent.

a. Je (vouloir) *voudrais* prendre rendez-vous avec la directrice.

b. Il (sembler) *semblerait* que les résultats du dernier sondage confirment ce que pensait le premier ministre.

c. Si elle n'était pas aussi têtue, tout (pouvoir) *pourrait* s'arranger.

d. Le prix de l'essence (baisser) *baisserait* prochainement.

e. Sans ton aide, je ne (finir) *finirais* jamais ce travail.

f. Si nous avions de l'argent, on (s'acheter) *s'achèterait* une maison.

g. Les négociations (devoir) *devraient* prendre de huit à dix mois.

h. Cela vous (ennuyer) *ennuierait* de ne pas fumer?

i. Que (se passer) *se passerait*-il s'il ne venait pas?

j. On (dire) *dirait* qu'il va pleuvoir.

3 Le futur et le conditionnel

(réponses, p. 153)

Mettez les verbes entre parenthèses au temps et au mode qui conviennent. Justifiez votre choix.

a. Dimanche prochain, nous (emmener) _____ les enfants au zoo.

b. Nous (discuter) _____ de cela quand tu (venir) _____ à Montréal.

c. Téléphone-moi dès que tu (arriver) _____.

d. Je (faire) _____ la vaisselle pendant que tu (nettoyer) _____ la salle de bain.

e. Selon certaines rumeurs, le Premier ministre (démissionner) _____ prochainement.

f. Pardon, Madame, (pouvoir) _____-vous m'indiquer où se trouve le bureau de poste le plus proche?

g. Attention: si tu (manger) _____ trop de crème au chocolat, tu auras mal au cœur.

h. Vous (réussir) _____ sans doute mieux si vous faisiez plus d'effort.

Grammaire

La formation du futur simple

1. Pour former le futur simple, on ajoute à l'infinitif les terminaisons *-ai, -as, -a, -ons, -ez, -ont*.

   parler ⟶ je *parlerai*

   ⟶ *nous parlerons*

2. Pour les infinitifs terminés par *e*, le *e* disparaît.

vendre   ⟶   *je vendrai*

boire   ⟶   *je boirai*

dire   ⟶   *je dirai*

3. Le futur des verbes irréguliers:

avoir   ⟶   *j'aurai, tu auras*

recevoir   ⟶   *je recevrai, tu recevras*

être   ⟶   *je serai, tu seras*

pouvoir   ⟶   *je pourrai, tu pourras*

faire   ⟶   *je ferai, tu feras*

vouloir   ⟶   *je voudrai, tu voudras*

envoyer   ⟶   *j'enverrai, tu enverras*

pleuvoir   ⟶   *il pleuvra*

L'EMPLOI DU FUTUR SIMPLE

1. On peut exprimer l'idée de futur de plusieurs façons en français.

a. le futur proche : *aller* + infinitif

Demain, je vais aller à Toronto.

b. le présent, qui est souvent utilisé dans la langue parlée pour exprimer une action qui se passe dans un futur proche

Demain, je vais à Toronto.

c. le futur simple

Demain, j'irai à Toronto.

2. Différence d'emploi entre le futur proche et le future simple

a. On utilise de préférence le futur proche à l'oral et le futur simple à l'écrit.

oral: *Vous allez être surpris de ces résultats.*

écrit: *Vous serez surpris de ces résultats.*

b. Le futur proche indique un changement; le futur simple indique une conséquence.

Nous allons recevoir de nouveaux ordinateurs et ainsi nous pourrons faire plus de travail.

c. On utilise le futur simple quand on enchaîne plusieurs actions.

Pendant que tu feras la vaisselle, j'aiderai les enfants à faire leurs devoirs.

LA FORMATION DU FUTUR ANTÉRIEUR

1. On forme le futur antérieur avec *être* ou *avoir* au futur simple + le participe passé.

   je serai allé   *nous aurons fini*

2. Les règles concernant le choix de l'auxiliaire et l'accord du participe passé sont exactement les mêmes que celles présentées au chapitre 5 pour le passé composé.

   elle serait partie

L'EMPLOI DU FUTUR ANTÉRIEUR

Le futur antérieur indique que l'action du verbe précède une autre action dans le futur.

   Nous sortirons quand nous aurons fini de dîner.

L'action de sortir **précède** dans le temps l'action de finir de dîner.

LA FORMATION DU CONDITIONNEL PRÉSENT ET PASSÉ

1. Le conditionnel présent est formé du radical du futur + la terminaison de l'imparfait (*-ais, -ais, -ait, -ions, -iez, -aient*).

   je voudrais   *elle aimerait*   *nous pourrions*

2. Le conditionnel passé est formé du conditionnel présent de *être* ou *avoir* suivi du participe passé.

   tu serais venu   *j'aurais aimé*   *il serait sorti*

L'EMPLOI DU CONDITIONNEL PRÉSENT ET PASSÉ

1. On utilise le conditionnel pour:
   a. exprimer la politesse (avec les verbes *vouloir* et *pouvoir*)

      Pourriez-vous fermer la porte, je vous prie.

      *Je **voudrais** un renseignement.*

   b. donner un conseil, faire une suggestion (avec le verbe *devoir*)

      *À mon avis, tu **devrais** moins travailler.*

      *Vous **devriez** faire plus d'exercice.*

   c. exprimer un désir (avec les verbes *aimer* et *vouloir*)

      J'aimerais savoir jouer au tennis.

      *Je **voudrais** déjà être en vacances.*

d. exprimer le regret (conditionnel passé)

J'aurais aimé être un grand pianiste.

J'aurais aimé continuer mes études.

e. exprimer l'imaginaire (On utilise le conditionnel pour imaginer une réalité différente de la réalité actuelle.)

*On **vivrait** sur une autre planète, on serait éternel.*

f. présenter une information non confirmée

*Le président **devrait** se rendre en Chine en voyage officiel.*

*Le tremblement de terre **n'aurait pas fait** de victimes.*

LA PHRASE HYPOTHÉTIQUE

1. La phrase hypothétique permet d'exprimer une condition suivie d'une action éventuelle ou d'une conséquence.

*S'il **fait** beau demain, **on ira** se baigner.*

hypothèse: *si* + présent   conséquence: futur simple

Contrairement à l'anglais, la partie de la phrase introduite par *si* n'est jamais au futur.

2. *Si* suivi du présent indique une idée de possibilité, non pas de certitude.

*Si je **reviens** l'année prochaine au Québec, je **visiterai** la Gaspésie.*

Pour exprimer la certitude, on utilise *quand* suivi du futur simple.

*Quand je **reviendrai** l'année prochaine au Québec, je **visiterai** la Gaspésie.*

3. Quand la phrase avec *si* exprime une vérité générale ou une recommandation, la conséquence est au présent ou à l'impératif.

*Si on **boit** trop, **on risque** d'avoir des problèmes de santé.*

*Si tu **sors**, **prends** ton parapluie.*

4. Quand on imagine quelque chose qui n'existe pas au moment présent, on fait une hypothèse sur le présent. Regardez de près les deux phrases suivantes:

*Je **n'ai pas** d'argent; je **ne peux pas** aller en vacances.*

(constatation, d'où emploi du présent de l'indicatif)

*Si **j'avais** de l'argent, je **pourrais** aller en vacances.*

(supposition, d'où emploi du conditionnel présent)

hypothèse: *si* + imparfait ⟶ conséquence: conditionnel présent

5. Quand on imagine quelque chose qui n'a pas eu lieu, on fait une hypothèse sur le passé. Regardez de près les deux phrases suivantes:

> *Le semaine dernière, il a plu.* **Je n'ai pas pu** *aller à la plage.*

(constatation, d'où emploi de l'indicatif)

> *La semaine dernière,* **s'il avait fait** *beau,* **je serais allé** *à la plage.*

(irréel du passé, d'où emploi du conditionnel passé)

hypothèse: *si* + plus-que-parfait ⟶ **conséquence**: conditionnel passé

Tableau récapitulatif

Probabilité

a. Si vous **aimez** les bons livres, je vous **recommande** ce roman.
      (présent)   (présent)

b. Si tu **as** le temps, **viens** prendre un verre chez moi.
     (présent)   (impératif)

Hypothèse réalisable

a. réalisable dans l'avenir
   Si j'**obtenais** ce poste, je **pourrais** louer un appartement.
    (imparfait)   (conditionnel présent)

b. non réalisable dans le présent
   S'il **avait** les compétences exigées, il **pourrait** avoir le poste.
    (imparfait)   (conditionnel présent)

Hypothèse non réalisée

a. conséquence dans le présent
   Si tu **avais** mis ton manteau, tu ne **serais** pas tombé malade.
  (plus-que-parfait)   (conditionnel passé)

b. conséquence dans le passé
   Si tu m'**avais** prévenu, je **serais** venu aussitôt.
  (plus-que-parfait)   (conditionnel passé)

Textes

A   **LE FUTUR SIMPLE**

PROGNOSTICATIONS

Lorsque viendra midi, tu te trouveras sur la plate-forme arrière d'un auto-bus où s'entasseront des voyageurs parmi lesquels tu remarqueras un ridicule jouvenceau: cou squelettique et point de ruban au feutre mou. Il ne se trouvera pas bien, ce petit. Il pensera qu'un monsieur le pousse exprès, chaque fois qu'il passe des gens qui montent ou descendent. Il le lui dira, mais l'autre ne répondra pas, méprisant. Et le ridicule jouvenceau, pris de panique, lui filera sous le nez, vers une place libre.

Tu le reverras un peu plus tard, Cour de Rome, devant la gare Saint-Lazare. Un ami l'accompagnera, et tu entendras ces paroles: «Ton pardessus ne croise pas bien; il faut que tu y fasses ajouter un bouton.»

—Tiré d'*Exercices de style* de Raymond Queneau, Éditions Gallimard.

petit lexique

croiser	*to fasten over*
entasser (s'—)	*to pack in*
exprès	*on purpose*
feutre (*m*)	*felt hat*
filer	*to slip past*
jouvenceau (*m*)	*young man*
squelettique	*scrawny; like a skeleton*

EXPLOITATION

1. Relevez les verbes au futur simple et donnez la forme infinitive de chacun d'eux.

2. En vous servant du texte étudié comme modèle, rédigez un paragraphe dans lequel les verbes seront au futur simple.

B   LE FUTUR SIMPLE

ITINÉRAIRE ROMAIN

Lorsque Cécile sortira du palais Farnèse, lundi soir, vous cherchera des yeux, vous découvrira près d'une des fontaines en forme de baignoire, écoutant ce bruit d'eau ruisselante en la regardant s'approcher dans la nuit, il n'y aura plus aucun marchand sur le Campo dei Fiori, et ce ne sera que lorsque vous arriverez à la via Vittorio Emmanuele que vous retrouverez les lumières et l'agitation d'une grande ville, avec le bruit des tramways et les enseignes au néon; mais comme il vous restera une heure encore avant le repas, il est probable que vous ne prendrez point cet itinéraire trop courant, mais cheminerez au contraire longuement, lentement, sinueusement dans les petites rues obscures [...] Vous parviendrez encore une fois [...] jusqu'à la piazza Navona où la fontaine du Bernin sera lumineuse, et vous vous y installerez [...] le plus près possible d'une fenêtre au restaurant Tre Scallini pour y commander le meilleur Orvieto et raconter à Cécile dans le plus grand détail ce que vous aurez fait pendant votre après-midi [...].

—Tiré de *La Modification* de Michel Butor, Éditions de Minuit.

petit lexique

cheminer	*to walk along*
lumineux(-se)	*illuminated*
parvenir	*to arrive*
ruisselant(e)	*streaming*

EXPLOITATION

1. Relevez les verbes au futur simple et donnez la forme infinitive de chacun d'eux.

2. Dans le segment de phrase «ce que vous aurez fait», quel est le temps employé? Justifiez l'emploi de ce temps.

3. En vous servant du texte étudié comme modèle, proposez un itinéraire à travers une ville de votre choix. Utilisez le futur simple.

C LE CONDITIONNEL

1. SI LES FEMMES RENTRAIENT À LA MAISON

Que se passerait-il si les femmes écœurées rentraient pour de bon à la maison? Les assistantes maternelles, les travailleuses familiales disparaîtraient de l'hexagone. Les corporations de femmes de ménage et d'employées de maison seraient sinistrées à 98 %. Certains hommes découvriraient enfin le sentiment grisant de faire des métiers d'hommes là où ils n'étaient que minoritaires: aux guichets des banques, dans les bureaux de la fonction publique, dans les écoles primaires. Ailleurs? Si les femmes rentraient à la maison, cela ne changerait pas la face du monde qui a su les endiguer. Certes, les bouchers devraient tailler leur bavette tout en tenant le tiroir-caisse et les boulangers courir du magasin au pétrin. Mais les préfets, les professeurs d'université, les grand patrons ne ressentiraient pas un grand vide.

—Tiré de *l'Express*, mars 1995.

petit lexique

bavette (f)	*filet of beef*
écœurée	*disgusted*
endiguer	*to hold back*
grisant(e)	*exhilarating*
guichet	*counter, wicket*
pétrin (m)	*kneading machine*
pour de bon	*for good*
sinistré(e)	*destroyed*

1. Relevez les verbes au conditionnel présent et donnez la forme infinitive pour chacun d'eux.

2. Justifiez l'emploi du conditionnel présent.

3. Rédigez un paragraphe à partir d'une hypothèse de votre choix. Par exemple, «Si les femmes avaient le pouvoir politique...»; ou «Si le politiciens tenaient leurs promesses...».

---

2. SI...

Si j'avais une sœur

Je t'aimerais mieux que ma sœur

Si j'avais tout l'or du monde

Je le jetterais à tes pieds

Si j'avais un harem

Tu serais ma favorite.

—Tiré de *In Fatras* de Jacques Prévert, Éditions Gallimard.

Ce poème s'adresse à une femme. Selon le même modèle, rédigez un court poème destiné à un homme.

D LES PHRASES HYPOTHÉTIQUES

MON FRÈRE

Toi, le frère que je n'ai jamais eu

Sais-tu si tu avais vécu

Ce que nous aurions fait ensemble

Un an après moi tu serais né

Alors on se s'rait plus quitté

Comme deux amis qui se ressemblent

On aurait apris l'argot par cœur

J'aurais été ton professeur

À mon école buissonnière

Sûr qu'un jour on se serait battu
Pur peu qu'alors on ait connu
Ensemble la même première

Refrain

Mais tu n'es pas là, à qui la faute?
Pas à mon père
Pas à ma mère
Tu aurais pu chanter cela

Toi le frère que je n'ai jamais eu
Si tu savais ce que j'ai bu
De mes chagrins en solitaire
Si tu ne m'avais pas fait faux bond
Tu aurais fini mes chansons
Je t'aurais appris à en faire
Si la vie s'était comportée mieux
Elle aurait divisé en deux

Les paires de gants, les paires de claques
Elle aurait sûrement partagé
Le mots d'amour et les pavés
Les filles et les coups de matraque*

Toi le frère que je n'ai jamais eu
Je suis moins seul de t'avoir fait
[...]

—«*Mon frère*» de Maxime Le Forestier.

petit lexique

argot (*m*)	*slang*
claque (*f*)	*slap*
école buissonnière (faire —)	*to play truant*
faux bond (faire —)	*to let somebody down*
matraque (*f*)	*truncheon*
pavé (*m*)	*cobblestone*

*«Les pavés» et «les coups de matraque» font allusion à la révolte des étudiants en mai 1968.

1. Relevez les verbes contenus dans la chanson et donnez pour chacun d'eux la forme infinitive.

2. Justifiez l'emploi du conditionnel présent et du conditionnel passé.

3. En vous inspirant de la chanson de Maxime Le Forestier, rédigez une lettre à l'ami(e) que vous auriez aimé avoir.

Exercices complémentaires

exercice

1 Le futur

(réponses, p. 153)

Placez dans le temps futur les actions présentées dans les phrases suivantes.

Modèle: *Terminez votre traitement et revenez me voir.*

⟶ *Revenez me voir quand vous aurez terminé votre traitement.*

a. Réfléchissez à ma proposition et téléphonez-moi. _____

_____

_____

b. Terminez votre travail et venez me voir. _____

_____

_____

c. Prenez votre décision et écrivez-moi. _____

_____

_____

exercice

2 Journaliste

(réponses, p. 153)

Vous êtes journaliste. Vous avez reçu des dépêches en style télégraphique. Présentez les informations, qui ne sont pas confirmées, à vos lecteurs.

a. Première évaluation des résultat des élections présidentielles au Pérou: candidat de l'opposition remporte majorité. _____

_____

_____

b. Tremblement de terre dans le sud de la Chine: pas de victimes dénombrées, importants dommages matériels. _____

_____

_____

c. Déclaration du chef du parti conservateur: réduction de moitié des impôts. _____

_____

d. Décision des joueurs de la ligue nationale de hockey: commencer la grève en septembre. _____

_____

e. Tournée de concerts de Shania Twain en Europe l'hiver prochain. _____

_____

3 Conseils pour la bonne forme

(à faire corriger)

Donnez cinq conseils à un ami pour rester en bonne forme.

Modèle: *Pour être en forme, tu devrais dormir en moyenne huit heures.*

_____

_____

_____

_____

_____

4 Chaîne de phrases

(réponses, p. 153)

Complétez la chaîne de phrases en utilisant les verbes ci-dessous au temps approprié.

rester trop longtemps au soleil

attraper des coups de soleil

avoir une insolation

être malade

rester dans la chambre d'hôtel

ne pas se baigner ou jouer au tennis

gâcher ses vacances

Si tu restes trop longtemps au soleil, tu _____

_____

_____

_____

_____

_____

5 | Les conditions de vie

(réponses, p. 153)

Remplacez les verbes à l'infinitif par le temps qui convient.

Si j'étais maire d'une grande ville…

a. (interdire) _____ le stationnement des voitures dans le centre-ville.

b. (développer) _____ les transports en commun.

c. (aménager) _____ des espaces verts (parcs, jardins).

d. (construire) _____ des appartements à loyer modéré.

e. (augmenter) _____ le nombre des crèches.

6 | Au conditionnel

(réponses, p. 153)

Mettez les verbes entre parenthèses au temps qui convient afin d'exprimer l'idée de l'hypothèse sur le présent.

a. Si je (savoir) _____ écrire, je (savoir) _____ dessiner.

b. Si j'(avoir) _____ un verre d'eau, je le (faire) _____ geler, et je le (conserver) _____ sous verre.

c. Si j' (avoir) _____ trois mains, je ne (savoir) _____ où donner de la tête.

d. Si je (sortir) _____ par la porte, je (rentrer) _____ par la fenêtre.

e. Si je (partir) _____ sans me retourner, je me (perdre) _____ bientôt de vue.

—Tiré d'«Au Conditionnel» de Jean Tardieu,
dans *Comme ceci comme cela*, Éditions Gallimard.

7 | Hypothèses

(réponses, p. 153)

Complétez les phrases pour exprimer l'idée d'une hypothèse sur le passé (irréel du passé).

Modèle: *Avez-vous acheté le journal ce matin?*

⟶ *Non. Mais si je l'avais acheté, j'aurais acheté* Le Devoir.

a. Avez-vous regardé la télévision hier soir?

–Non. Mais _____

_____ un documentaire.

b. –Êtes-vous allé au cinéma récemment?

–Non. Mais _____

_____ un film d'aventures.

c. –As-tu rencontré tes amis en fin de semaine?

–Non. Mais _____

_____ très content.

d. –As-tu fait un voyage ces derniers temps?

–Non. Mais _____

_____ dans la région du lac Supérieur.

(réponses, p. 153)

8 Les différents sens du conditionnel

a. Indiquez le sens du conditionnel dans les phrases suivantes (regret, hypothèse, conseil, souhait, affirmation non confirmée, demande polie).

1. Ah! si j'avais pu vivre au dix-huitième siècle! _____

2. Pourriez-vous me passer le sel? _____

3. D'après certains, le Nigéria deviendrait prochainement une réelle démocratie. _____

4. Si nous avions assez d'argent, nous achèterions une maison. _____

5. À ta place, je ne parlerais plus à cette fille. _____

b. Rédigez 5 phrases pour montrer les différents sens du conditionnel.

9 L'irréel du passé

(à faire corriger)

Qu'auraient-ils fait s'ils avaient vécu à une autre époque?

En utilisant l'irréel du passé, imaginez ce qu'auraient pu faire les personnages suivants.

Exemple: *S'il avait vécu au Moyen-Âge, Charles Lindberg aurait…*

a. Charles Lindberg (l'aviateur américain, le premier à traverser l'Atlantique en avion)

b. Marilyn Monroe

c. Christophe Colomb

d. Che Guevara

e. Michael Jackson

De la grammaire à l'écriture

A L'HYPOTHÈSE

Rappelons qu'on utilise le conditionnel pour communiquer une information dont on n'est pas absolument sûr, une opinion personnelle discutable.

Le conditionnel (présent et passé) est utilisé dans le texte qui suit puisque les idées présentées sont des hypothèses concernant les rêves et non des certitudes.

COMMENT EXPLIQUER LES RÊVES

Le sommeil faciliterait-il la créativité et l'esprit d'invention? Kekulé aurait découvert en rêvant la structure chimique du benzène en voyant des serpents se mordre la queue. Et Robert Louis Stevenson aurait affirmé avoir trouvé en rêvant les thèmes de ses romans. Pour Freud, les rêves seraient l'expression de nos désirs refoulés. La sexualité constituerait la toile de fond du rêve.

Autre hypothèse: le rêve permettrait de «traiter» les événements stressants du jour. Une fonction de compensation nous servirait à combler les manques éprouvés durant la journée.

«Les rêves intégreraient les matériaux pénibles au moyen du système de mémorisation ayant dans le passé fourni des solutions satisfaisantes dans des situations analogues» écrit le docteur David Koulack de l'université du Manitoba. Notre mémoire épongerait nos déboires et nous fournirait les solutions qui nous auraient échappé.

—Tiré de *Ça m'intéresse*, novembre 1989.

petit lexique

combler	*to fill*
déboire (*m*)	*disappointment*
éponger	*to soak up*
mordre	*to bite*
refoulé(e)	*repressed*
toile (*f*) de fond	*backdrop*

Supposez que vous êtes un journaliste scientifique. Rédigez un court article sur un sujet de votre choix en faisant comprendre à vos lecteurs que les informations présentées ne sont que des hypothèses.

CONVERSATION AVEC VINCENT, 11 ANS

Vincent: Tu sais, maman, pour que le monde soit parfait...

Moi: Oui?

Vincent: Il faudrait d'abord supprimer les moustiques.

Moi: Tiens!

Vincent: Et les vipères aussi.

Moi: Pourquoi?

Vincent: Parce qu'elles font du tort aux couleuvres. On les confond, alors quand on voit une couleuvre on dit: Oh! la sale bête. C'est vexant. Tandis que s'il n'y avait que des couleuvres, quand on en rencontrerait une on saurait qu'elle ne mord pas, alors on dirait: Oh! le joli serpent! et elle serait contente. Si je pouvais refaire le monde...

Moi: Tu le trouves mal fait?

Vincent: Non. Mais je ne suis pas difficile.

Moi: Qu'est-ce que tu supprimerais encore?

Vincent: Dans les animaux, pas grand-chose, je garderais les lions, les crocodiles...

Moi: Ah, oui?

Vincent: Oui. À cause des explorateurs. Ils n'aimeraient pas que ce soit trop facile, leurs explorations. Ce ne serait plus l'Aventure.

Moi: Évidemment.

Vincent: Non, c'est dans le types, tu vois, qu'il faudrait... [...]

Moi: Quel genre de types?

Vincent: Il faudrait les classifier d'abord. Ceux qui font les guerres, les révolutions, et puis les méchants. [...] [J'aimerais rencontrer un homme préhistorique.] Je voudrais lui demander si c'était vraiment magique, les dessins de bisons, tu sais, dans les grottes... Je le ferais apparaître ici [...] Je me demande si un homme préhistorique qui aurait vu le monde de maintenant [...] il aimerait mieux vivre à notre époque ou retourner aux cavernes.

—Tiré de *La Maison de papier*
de Françoise Mallet-Joris, Éditions Grasset.

petit lexique

couleuvre (*f*)	*grass snake*
type (*m*)	*guy*
vexant(e)	*annoying*

EXERCICES D'APPLICATION

1. Quelles questions poseriez-vous à un homme préhistorique si vous en rencontriez un?

2. Que faudrait-il faire pour améliorer les conditions de vie des personnes âgées, la situation financière des étudiants, etc?

C   LES HOMONYMES

1. *si* et *s'y*

   si = adverbe marquant l'intensité (= tellement)

   > *Pierre est si différent de son frère.*

   si = aussi conjonction

   > *Si vous venez demain, apportez vos photos de vacances.*

   s'y = pronom personnel + *y*

   > *Ils aiment leur jardin. Ils s'y promènent tous les jours.*

2. *bien tôt* et *bientôt*

   bien tôt = très tôt

   bientôt = dans peu de temps

EXERCICE D'APPLICATION   (*réponses, p. 153*)

Complétez les phrases suivantes avec *si, s'y, bien tôt* ou *bientôt*.

a. La petite fille va pleurer _____ sa mère ne lui donne pas un bonbon.

b. Les chagrins d'enfant sont difficiles à supporter: on ne _____ habitue pas.

c. Au siècle dernier, la vie de tous les jours était _____ différente de la nôtre.

d. Ce matin, tu t'es levé _____.

e. Dépêche-toi de finir tes devoirs: nous allons _____ dîner.

A Relevez les verbes au futur simple et au futur antérieur et donnez pour chacun d'eux la forme infinitive. *(6 × 2 = 12 points)*

Pendant les quelques mois de trêve politique que provoquent le départ du premier ministre Jacques Parizeau et l'installation de son successeur, Paul Martin doit calmer les marchés financiers, rendus nerveux par le référendum [...] Mais s'il échoue, il deviendra la tête de Turc des souverainistes [...] Mais s'il réussit, il aura mis fin au cercle infernal des déficits [...] Il annoncera le dépôt d'un budget équilibré avant la prochaine campagne et assurera la réélection du Parti libéral. Il aura profondément changé le Canada, et l'aura peut-être même sauvé de la faillite.

—Tiré de «Le "changement" c'est lui!» de Michel Vastel,
dans *L'actualité*, 15 décembre 1995.

petit lexique

dépôt (*m*)	*submission*
échouer	*to fail*
faillite (*f*)	*bankruptcy*
provoquer	*to cause*
souverainiste (*m*)	*sovereigntist*
tête (*f*) de Turc	*scapegoat*
trêve (*f*)	*truce*

verbe au futur   forme infinitive

1. _____   _____

2. _____   _____

3. _____   _____

4. _____   _____

5. _____   _____

6. _____   _____

(12)

B Mettez les verbes entre parenthèses au temps et au mode qui conviennent. *(12 × 2 = 24 points)*

1. Vous (réussir) _____ mieux si vous faisiez plus d'effort.

2. S'il n'y avait pas d'examen, la vie (être) _____ plus facile.

3. Nous (pouvoir) _____ venir demain si tu le veux.

4. Ne touche pas à cette statuette! Tu (pouvoir) _____ la casser.

5. Je (vouloir) _____ encore un peu de café, s'il vous plaît.

6. Je serais arrivé plus tôt, si tu me (demander) _____.

7. Demain, ce (être) _____ trop tard.

8. Si la directrice ne s'était pas occupée de cette situation, la compagnie (faire) _____ faillite.

9. Si je n'arrive pas à terminer le rapport, je vous (téléphoner) _____ à temps.

10. Tu ne (faire) _____ pas mieux si tu étais à sa place.

11. (pouvoir) _____ m'indiquer où se trouve la salle des conférences?

12. Elle (vouloir) _____ vous demander un service.

C Justifiez l'emploi du conditionnel dans les phrases suivantes (politesse, conseil, regret, etc.).   *(4 × 2 = 8 points)*

1. Pourriez-vous m'attendre 5 minutes? Je voudrais vous parler. _____

2. D'après ce que son frère m'a dit, Lucie se serait décidée à divorcer. _____

3. Le sol est glissant. Fais attention, tu pourrais tomber. _____

4. Pierre n'est pas très heureux. Il aurait voulu être pilote et il travaille dans un bureau! _____

D Complétez les phrases suivantes avec *si, s'y, bien tôt* ou *bientôt*.   *(6 × 1 = 6 points)*

1. Tu t'attends à recevoir des nouvelles de Marie? Son frère, lui, ne _____ attend pas du tout.

2. Nous sommes à la fin du mois d'août et _____ ce sera le retour à l'école.

3. Il n'est que 8 heures: c'est _____ pour aller se coucher!

4. _____ je gagne à la loterie, je m'achèterais une maison.

5. La conférence était _____ ennuyeuse que trois étudiants se sont endormis.

6. _____ tu y vas, dis-leur bonjour de ma part.

(réponses, p. 153)

Résultat du test

___ × 2 = ___
50   100

LE PRONOMS RELATIFS, INTERROGATIFS ET INDÉFINIS

Diagnostique

(réponses, p. 153)

1 **Les pronoms relatifs**

exercice

Complétez chaque phrase avec le pronom relatif qui convient.

a. Voilà un effort ___dont___ tu peux être fière. *(de quoi)*

b. C'est vous ___qui___ m'avez téléphoné?

c. Ce n'est pas un problème ___auquel___ j'ai beaucoup réfléchi.

d. Je me demande ___ce qui___ s'est passé.

e. ___Ce dont___ il parle me m'intéresse pas.

f. Je ne sais pas ___où___ ils sont allés.

g. J'ai acheté les outils ___dont___ nous aurons besoin.

h. Je ne sais pas ___ce que___ tu veux.

i. Je fais ___ce qui___ me plaît.

j. Il faut trouver une table sur ___laquelle___ on pourra mettre les fleurs.

k. On ne sait pas à ___qui___ appartient cette écharpe.

l. C'est l'étudiante ___dont___ le père est député.

m. Je ne connais pas la dame à côté de ___laquelle___ tu étais assise.

n. Le hockey est un sport ___qui___ le passione.

o. C'est exactement ___ce dont___ je rêvais.

15

2 **Retour de l'étranger**

exercice

(réponses, p. 153)

Posez les questions d'un douanier à un Canadien qui revient de voyage. Utilisez des mots interrogatifs (adverbe, pronom, etc.).

Information à fournir au retour d'un voyage à l'étranger:

a. adresse au Canada _____

b. date de départ du Canada _____

c. durée du séjour à l'étranger _____

d. pays visités _____

e. objet du voyage _____

6

f. montant des achats effectués durant le séjour _____

exercice

3 ## Les mots indéfinis

(réponses, p. 153)

Complétez avec le mot indéfini qui convient.

a. _____ n'est venu me voir quand j'étais malade.

b. Il y a peu d'étudiants en classe ce matin: _____ d'entre eux sont enrhumés.

c. Réfléchissez avant de parler et ne dites pas _____.

d. Ils sont _____ arrivés en retard: _____ n'était à l'heure.

e. Elle parle si vite que je ne comprends _____ de ce qu'elle dit.

f. Tu peux garder mon parapluie. J'en ai _____ à la maison.

9

g. Il fait chaud. Veux-tu _____ à boire?

h. Ils sont partis très vite et ils n'ont _____ emporté avec eux.

Grammaire

LES PRONOMS RELATIFS

1. Le pronom relatif permet de relier plusieurs phrases en évitant de répéter un nom déjà mentionné.

> *Je regarde la petite fille. La petite fille est blonde.*

> ⟶ *Je regarde la petite fille **qui** est blonde.*

ou ⟶ *La petite fille **que** je regarde est blonde.*

(*qui* et *que* = pronoms relatifs)

2. L'antécédent est le nom ou le pronom repris par le pronom relatif.

> *Le livre qui est sur la table est à Paul.*

(*qui* – pronom remplaçant *le livre; le livre* = antécédent du pronom relatif *qui*)

3. Le pronom *qui* représente le sujet (personne ou chose) du verbe qui suit.

> *La jeune fille **qui** chante est ma sœur.*

(*qui* = pronom remplaçant *la jeune fille; qui* = sujet du verbe *chanter; la jeune fille* = antécédent du pronom *qui*)

4. Le pronom *que* représente le complément d'objet direct (personne ou chose) du verbe qui suit.

> *L'ami que je rencontre chaque samedi est aussi le frère de Pierre.*

(*que* = complément d'objet direct du verbe *rencontrer*)

sept LES PRONOMS RELATIFS, INTERROGATIFS ET INDÉFINIS **119**

*La pêche est le fruit **que** je préfère.*

(*que* = complément d'objet direct du verbe *préférer*)

5. Le pronom *dont* représente le complément d'objet indirect (personne ou chose) des verbes construits avec la préposition *de*.

*L'homme **dont** je parle est assis là-bas.*

(*dont* = complément d'objet indirect de *parler de*)

*Le livre **dont** j'ai besoin coûte très cher.*

(*dont* = complément d'objet indirect de *avoir besoin de*)

6. Le pronom relatif *où* représente un complément de lieu ou de temps.

*La ville **où** je vais en vacances est près de la mer.*

(*où* = complément de lieu du verbe *aller*)

*Le jour **où** je suis arrivé, il neigeait.*

(*où* = complément de temps du verbe *arriver*)

7. Les pronoms composés *ce qui, ce que, ce dont* remplacent:
   • *la/les chose(s) qui…* (fonction: sujet)
   • *la/les chose(s) que…* (fonction: complément d'objet direct)
   • *la/les chose(s) dont…* (fonction: complément d'objet indirect)

   *Elle aime **ce qui** est beau. = Elle aime toutes les choses qui sont belles.*

   *Elle déteste **ce que** j'aime. = Elle déteste toutes les choses que j'aime.*

   ***Ce dont** j'ai besoin maintenant, c'est d'un peu de tranquillité.*

   = La chose dont j'ai besoin maintenant, c'est d'un peu de tranquillité.

8. Les pronoms relatifs variables prennent le genre et le nombre de l'antécédent. Ces pronoms sont utilisés après une préposition (*à, avec, chez, pour,* etc.).

	Masculin	**Féminin**
Singulier	lequel	laquelle
	auquel	à laquelle
	duquel	de laquelle
Pluriel	lesquels	lesquelles
	auxquels	auxquelles
	desquels	desquelles

Le siège de la société est à Vancouver. Pierre travaille pour cette société.

⟶ *Le siège de la société **pour laquelle** Pierre travaille est à Vancouver.*

Le roman est de Victor Hugo. Il fait allusion à ce roman.

⟶ *Le roman **auquel** il fait allusion est de Victor Hugo.*

9. Lorsque l'antécédent est un nom de personne, on peut utiliser

   la préposition + le pronom variable

   ou

   la préposition + qui.

   Ce choix n'existe pas si l'antécédent est un nom de chose.

   *Les amis **chez qui/lesquels** j'ai dîné hier sont Suédois.*

   *J'ai perdu la balle **avec laquelle** je joue au tennis.*

Tableau récapitulatif

Antécédent	Sujet	Objet direct	Préposition *de*	Autres prépositions
personne	qui	que	dont	préposition + qui préposition + lequel/ laquelle/lesquels/lesquelles
chose	qui	que	dont	préposition + lequel/ laquelle/lesquels/lesquelles duquel de laquelle desquels desquelles
phrase	ce qui	ce que	ce dont	ce + préposition + quoi

LES PRONOMS INTERROGATIFS

1. Rappelons qu'il existe plusieurs façons de poser une question en français.

   a. intonation ascendante (langue parlée)

      Tu viens demain?

   b. avec *est-ce que*

      Est-ce que Pierre est là?

   c. avec l'inversion du pronom (langue soutenue)

      Avez-vous vu Pierre?

2. Pour poser une question plus complexe, on emploie des mots interrogatifs (adverbes, pronoms).

   a. adverbes interrogatifs: *où, quand, comment, combien, pourquoi*

      Où habitez-vous?

      Quand part-il?

      Comment vous rendez-vous à votre travail?

      Combien de frères avez-vous?

      Pourquoi pars-tu si tôt?

b. pronoms interrogatifs. Les pronoms interrogatifs ont les mêmes formes que les pronoms relatifs à l'exception de *dont*. Ils ont toujours une fonction (sujet, complément d'objet direct ou indirect) dans la phrase interrogative.

Qui est là?	(*qui* = sujet)
Que veux-tu?	(*que* = complément d'objet direct)
À quoi rêves-tu?	(*quoi* = complément d'objet indirect)

Tableau récapitulatif

A   Pronoms invariables

	Fonction		Exemples
	Sujet	**Objet**	
personne	qui	qui	Qui est venu ce matin?
chose	qu'est-ce qui	que	Qu'est-ce qui vous plaît?
			Que pensez-vous de cette personne?

B   Pronoms variables

	Singulier	**Pluriel**	**Formes contractées**	**Exemples**
masculin	lequel	lesquels	auquel, etc. duquel, etc.	Auquel de tes amis penses-tu?
féminin	laquelle	lesquelles	à laquelle de laquelle, etc.	Avec laquelle de tes sœurs vas-tu au cinéma?

LES ADJECTIFS ET LES PRONOMS INDÉFINIS

Les pronoms indéfinis indiquent une quantité indéterminée ou une identification imprécise.

Personne n'est venu.

Il n'a aucun disque de cette chanteuse.

Je veux tout ou rien.

LES ADJECTIFS ET LES PRONOMS INDÉFINIS LES PLUS EMPLOYÉS

1. Adjectifs indéfinis utilisés avec un nom et pronoms indéfinis représentant un nom déjà énoncé

Singulier	Pluriel	Exemples
l'un(e)	les un(e)s	*On a interrogé les témoins:*
l'autre	les autres	*1) aucun n'a reconnu le suspect;*
un(e) autre	d'autres	*2) quelques-uns ont reconnu le suspect;*
aucun(e)	quelques-un(e)s	*3) tous ont reconnu le suspect.*
chacun(e)	la plupart	
pas un(e)	tous/toutes	
nul(le)		

2. Pronoms indéfinis ne représentant pas un nom déjà énoncé

Personnes	Choses	Exemple
quelqu'un	quelque chose	*Tout le monde veut aller au ciel mais*
n'importe qui	n'importe quoi	*personne ne veut mourir!*
tout le monde	tout	
	n'importe quel/	
	quelle/quels/quelles	
personne	rien	
on		

Textes

A LES PRONOMS RELATIFS

LE MESSAGE

La porte que quelqu'un a ouverte

La porte que quelqu'un a refermée

La chaise où quelqu'un s'est assis

Le chat que quelqu'un a caressé

Le fruit que quelqu'un a mordu

La lettre que quelqu'un a lue

La chaise que quelqu'un a renversée

La porte que quelqu'un a ouverte

La route où quelqu'un court encore

Le bois que quelqu'un traverse

La rivière où quelqu'un se jette

L'hôpital où quelqu'un est mort.

—Tiré de *Paroles* de Jacques Prévert, Éditions Gallimard.

petit lexique

mordre	*to bite*
renverser	*to knock over*

EXPLOITATION

1. Relevez les pronoms relatifs contenus dans le texte. Analysez ces pronoms en donnant leur antécédent et leur fonction grammaticale.

2. Le mot *quelqu'un* appartient à quelle catégorie grammaticale?

3. Justifiez l'accord des participes passés contenus dans le poème.

4. En vous inspirant du poème étudié, composez de courtes phrases en utilisant des pronoms relatifs.

B L'INTERROGATIF

JÉRÔME ET SYLVIE

Jérôme avait vingt-quatre ans. Sylvie en avait vingt-deux. Ils étaient tous deux psychosociologues. Ce travail [...] consistait à interviewer des gens, selon diverses techniques, sur des sujets variés. [...]

Et pendant quatre ans, peut-être plus, ils explorèrent, interviewèrent, analysèrent. Pourquoi les aspirateurs-traîneaux se vendent-ils si mal? Que pense-t-on, dans les milieux de modeste extraction, de la chicorée? Aime-t-on la purée toute faite, et pourquoi? Parce qu'elle est légère? Parce qu'elle est onctueuse? Parce qu'elle est si facile à faire [...]? Comment votera la Française? Aime-t-on le fromage en tube? Est-on pour ou contre les transports en commun? À quoi fait-on d'abord attention en mangeant un yaourt: à la couleur? à la consistance? au goût? au parfum naturel? Lisez-vous beaucoup, un peu, pas du tout? [...] Que pense-t-on, franchement, de la retraite des vieux? [...] Où passez-vous vos vacances? Quelles qualités demandez-vous à votre matelas? [...] Que pensez-vous de votre machine à laver? [...]

Rien de ce qui était humain ne leur fut étranger.

—Tiré de *Les Choses* de Georges Perec, Julliard.

petit lexique

aspirateur (*m*)	*vacuum cleaner*
matelas (*m*)	*mattress*
onctueux(-se)	*creamy*
purée (*f*)	*mashed potatoes*
retraite (*f*) des vieux	*old-age pension*

EXPLOITATION

1. Relevez les différentes façons de poser une question qui se trouvent dans ce texte (inversion, etc.).

2. À quelle catégorie grammaticale le pronom *ou* appartient-il? Comment peut-il être traduit en anglais?

3. Préparez un questionnaire sur «Le niveau de vie des Canadiens». Établissez une liste de 15 questions portant sur la consommation, l'habitation, etc.

C LES PRONOMS RELATIFS

LA CHAMBRE D'ÈVE

Une chambre dans laquelle les persiennes mi-closes ne laissent pénétrer qu'un rai de lumière.

Un rayon découvre une main de femme dont les doigts crispés grattent une couverture de fourrure. La lumière fait briller l'or d'une alliance, puis glissant au long du bras, découvre le visage d'Ève Charlier [...]

Une porte s'ouvre et, dans l'entrebaîllement, un homme s'immobilise. Élégamment habillé, très brun, avec de beaux yeux sombres, [...] il paraît âgé de trente-cinq ans environ. C'est André Charlier. [...]

Il entre, referme la porte sans bruit, traverse la pièce à pas de loup et s'approche d'Ève qui ne l'a pas entendu entrer. [...]

Un instant, André Charlier contemple sa femme dont le visage exprime la souffrance; puis il se penche et appelle doucement:

— Ève... Ève...

Ève n'ouvre pas les yeux. Le visage crispé, Ève s'est endormie.

André se redresse, tourne la tête vers la table de chevet sur laquelle se trouve un verre d'eau. Il tire de sa poche un petit flacon stilligoutte, l'approche du verre et, lentement, y verse quelques gouttes.

—Tiré de *Les Jeux sont faits* de Jean-Paul Sartre, Éditions Gallimard.

petit lexique

alliance (f)	*wedding ring*
crispé(e)	*tense*
chevet (table (f) de —)	*bedside table*
entrebaîllement (m)	*half-open door*
gratter	*to scratch*
pas de loup (à —)	*carefully; quietly*
persienne (f)	*shutter*
rai, rayon (m)	*ray*
stilligoutte (m)	*dropper*

1. Relevez les pronoms relatifs contenus dans le passage. Analysez ces pronoms en donnant leur antécédent et leur fonction grammaticale.

2. Justifiez l'emploi de l'indicatif présent.

3. Relevez les adverbes de manière contenus dans le texte. Comment sont-ils formés?

4. En vous servant du texte étudié comme modèle, décrivez une pièce de votre maison ainsi que les personnes qui s'y trouvent.

D LES PRONOMS INDÉFINIS

LA RÉCRÉATION

Personne ne criait ni ne jouait. Certains fumaient une cigarette, cachée dans le creux de la main, au fond de leur poche, et se promenaient de long en large sous le préau; les autres s'entassaient auprès d'un portail condamné […] On s'asseyait, les jambes pendantes, […] sur les crochets de fer qui condamnaient le portail. On ne voyait pas dans la rue, mais parfois, […] on entendait le pas de quelqu'un qui s'éloignait.

—Tiré de *Miracles* d'Henri Alain-Fournier, Librairie Arthème Fayard.

petit lexique

crier	*to shout*
condamner	*to bar*
crochet (*m*)	*hook*
préau (*m*)	*covered playground*
récréation (*f*)	*recess*

1. Relevez les pronoms indéfinis contenus dans le passage.

2. Dans le segment de phrase «Personne ne criait...», quelle remarque pouvez-vous faire concernant la construction négative avec *personne?*

3. Dans l'énoncé «On s'asseyait... On ne voyait pas...», quelles remarques pouvez-vous faire concernant l'emploi du pronom *on?*

4. Justifiez l'emploi de l'imparfait.

5. Comment passiez-vous votre temps de récréation? Rédigez un court texte en utilisant l'imparfait.

Exercices complémentaires

(réponses, p. 153)

1 **Les amis**

Complétez avec le pronom relatif qui convient.

J'ai des amis (**a**) ___*qui*___ adorent jouer au hockey. Le samedi après-midi, ils viennent souvent s'entrainer à la patinoire (**b**) ___*qui*___ est près de chez moi. C'est une très grande patinoire (**c**) ___*où*___ viennent jouer d'excellentes équipes. Le hockey est un sport (**d**) ___*qui*___ je n'aime pas beaucoup pratiquer mais (**e**) ___*que*___ j'aime regarder. Alors, quelquefois, je vais voir jouer mes amis, surtout Pierre, (**f**) ___*qui*___ est un très bon joueur. C'est toujours lui (**g**) ___*qui*___ marque les buts.

Samedi dernier, leur gardien de but était malade. C'est moi (**h**) ___*qui*___ ai dû le remplacer. Quelle catastrophe! Nous avons perdu, 5 à 0!

2 **De deux phrases, une!**

(réponses, p. 153)

Reliez les deux phrases par un pronom relatif de manière à obtenir une seule phrase.

a. La natation est un excellent sport. On peut la pratiquer en tous temps.

b. Donne-moi les clés. Elles sont sur la table du salon.

c. La patinoire est ouverte tout l'été. J'y vais souvent pendant les vacances.

d. J'ai joué au tennis avec Lucie. C'est une très bonne joueuse.

e. Le nouveau professeur de français est très sympathique. Je lui ai parlé hier.

à qui j'ai
auquel j'ai parlé

3 **Pas d'antécédent**

(réponses, p. 154)

Complétez les phrases avec *ce qui, ce que* ou *ce dont*.

a. Prenez tout ___*ce qui*___ vous avez besoin pour préparer votre voyage.

b. Pour un enfant, il est difficile de savoir _____ est bien et _____ est mal.

c. J'aime tout _____ est sucré et déteste tout _____ est salé.

d. Tu nous diras _____ tu as envie pour ton anniversaire.

e. Sais-tu _____ il y a d'intéressant à la télévision ce soir?

4 **Pronoms relatifs variables**   *(réponses, p. 154)*

Reliez les deux phrases à l'aide d'un pronom relatif variable.

a. Ma fille a un petit chien. Elle ne sort jamais sans ce chien.

b. Marie a deux bonnes amies. Elle joue au tennis avec ses deux amies.

c. J'ai un nouvel appareil photo. Je prends de très bonnes photos avec cet appareil.

d. Pierre a réalisé un film. Il a obtenu un prix au Festival des films du monde de Toronto pour ce film.

5 **Les petites annonces**   *(réponses suggérées, p. 154)*

Lisez les petites annonces suivantes. Posez le maximum de questions possibles pour éliciter l'information dans chaque annonce en utilisant des mots interrogatifs (adverbes, pronoms, etc.) différents.

a. Ouvrier. Professionnel pour sous-sols, peinture, électricité, planchers, balcons. 10% de réduction pour les personnes du troisième âge. Service 24 heures. Évaluation gratuite des travaux. Téléphone: 489-6507.

_____

_____

_____

b. Bureaux à louer. Boulevard Lakeshore Ouest/Royal York Road, vue sur le lac, espaces à bureaux modernes, de 300 à 600 pieds carrés, 4 mois de loyer gratuits. Téléphone: 234-6542, tous les jours de la semaine entre 9 h et 5 h.

_____

_____

_____

c. Amitié. Homme canadien arabe algérien, 40 ans, divorcé, cherche amie pour relation durable. Téléphoner à Ali le soir après 6 heures au 684-7689.

_____

_____

_____

6 **Enquête**   *(réponses suggérés, p. 154)*

Vous faites une enquête sur «Les Canadiens et les médias». Établissez une liste de cinq questions sur la radio, la télévision, la publicité, etc.

Modèles: *Lisez-vous un journal quotidien?*

            Êtes-vous abonné à un magazine? Si oui, lequel? Pourquoi?

_____

_____

7 | Les indéfinis

(réponses, p. 154)

Répondez aux questions en utilisant un pronom indéfini.

a. Tu as vu quelqu'un dans le jardin?

   Non, je_____

b. Vous avez des amis à l'université?

   Oui, nous _____

c. Tu veux manger quelque chose?

   Non merci, je_____

d. Tu as fait quelque chose d'intéressant pendant la fin de semaine?

   Non, je_____

8 | Les indéfinis

(réponses, p. 154)

Dans les espaces ci-dessous, mettez le pronom indéfini qui convient (*plusieurs, certain(e)(s), chacun(e), tout(e)(s)*)

a. —_____ parties de ce livre sont plus difficiles que d'autres.

b. — _____ vos idées et _____ vos projets sont intéressants.

c. —La bibliothèque de l'université possède _____ manuscrits du Moyen-Âge.

d. —Dans _____ pays d'afrique, le taux de mortalité infantile est encore très élevé.

e. —Il est recommandé de faire de l'exercice _____ fois par semaine.

9 | Les pronoms interrogatifs

(à faire corriger)

Préparez un test culturel sur le Canada.

Rédigez 5 questions commençant par un des pronoms interrogatifs suivants: *quelle, dans laquelle, quels, à qui.*

   Exemples: *Combien d'habitants compte le Canada?*

   Quelle est la population du Canada?

_____

_____

_____

_____

_____

De la grammaire à l'écriture

A   LES SYNONYMES

Les synonymes sont des mots de sens voisin. Mentionnons que deux mots n'ont jamais exactement le même sens. Il est important de vérifier dans le dictionnaire unilingue le sens exact du mot, celui qui convient le mieux à l'expression de la pensée dans le contexte donné.

L'utilisation des synonymes permet d'éviter les mots «passe-partout» en trouvant le terme juste adapté au contexte.

Exemples:

vouloir: Ce verbe «passe-partout» peut être remplacé, selon le contexte, par des verbes synonymes tels que *désirer, décider, prendre la résolution de…*

petit: Cet adjectif peut être remplacé par des adjectifs synonymes tels que *court, limité, minuscule…*

air: Ce nom utilisé pour décrire une personne peut être remplacé par des noms synonymes tels que *aspect, apparence, allure, attitude…*

EXERCICES D'APPLICATION

1. En utilisant le dictionnaire unilingue, vérifiez le sens exact des synonymes proposés pour les mots suivants.

    a. *prendre:*   saisir, empoigner, tenir, serrer

    b. *travail:*   besogne, tâche, activité, labeur

    c. *soin:*   attention, application, minutie

2. Trouvez le maximum de synonymes pour chacun des mots suivants. Vérifiez dans le dictionnaire le sens de chacun des mots trouvés.

    Exemple: *bouger:* remuer, s'agiter…

    a. continuer:_____

    b. penser: _____

    c. grand: _____

    d. vitesse: _____

    e. lent: _____

3. En tenant compte du contexte, remplacez l'adjectif *gros* par un adjectif synonyme dans les segments de phrase suivants.

(réponses suggérées, p. 154)

a. de gros yeux _____

b. de gros bénéfices _____

c. une grosse erreur _____

d. un gros travail _____

e. une grosse situation _____

4. Cherchez les synonymes de l'adjectif *faible* convenant le mieux au contexte.

a. Pierre est de faible santé. _____

b. Il est faible de caractère. _____

c. Ses ressources financières sont faibles. _____

B   LES HOMONYMES

1. *ceux qui/ceux que* et *ce qui/ce que*

ce ⟶ pronom neutre indéfini

ceux ⟶ pronom démonstratif représentant un nom masculin pluriel

2. *ce qui* et *ce qu'il*

ce qui ⟶ *ce* + pronom relatif

ce qu'il ⟶ *ce* + pronom relatif + proposition commençant par *il*

EXERCICE D'APPLICATION

Complétez les phrases suivantes avec *ce qui*, *ce que*, *ceux qui*, *ceux que* ou *ce qu'il*.

a. Je n'ai pas trouvé au marché _____ je voulais.

b. Parmi tous ces livres, tu peux prendre _____ te plaisent.

c. Je n'ai pas beaucoup d'amis et _____ j'ai habitent loin de chez moi.

d. Pierre a de la chance: il obtient toujours _____ veut.

e. _____ m'intéresse le plus, c'est la littérature russe.

A Relevez les pronoms relatifs contenus dans le texte ci-dessous et donnez pour chacun d'entre eux l'antécédent, s'il y en a un, et la fonction grammaticale.

(6 × 3 = 18 points)

UN JEUNE HOMME DE LETTRES

L'interviewer: Le livre que nous vous présentons aujourd'hui est *Tata*, roman d'Arnaud Bergerol. Arnaud Bergerol dont les essais, recueils poétiques, récits de voyage et ouvrages romanesques sont depuis longtemps complètement inconnus de tout public et à qui je vais poser tout de suite cette question: pourquoi écrivez-vous?

L'auteur: Et oui, pourquoi?... Vous savez, tout petit, on m'a envoyé à l'école où on m'a forcé à écrire... Moi, je n'y tenais pas frénétiquement... On m'a forcé... Depuis, comment expliquer ça... [C'est le destin qui a fait le reste...]

L'interviewer: Comme son titre l'indique, *Tata*, votre nouveau roman, c'est l'histoire de...

L'auteur: L'histoire de mon oncle, oui. Mon oncle Gustave qu'on appelait Tata, paraît-il.

—Tiré de *Bonne Fête Paulette* de Jean-Loup Dabadie, Albin Michel.

petit lexique

ouvrage (*m*) romanesque	work of fiction
destin (*m*)	destiny
recueil (*m*)	collection

Pronom relatif	Antécédent	Fonction grammaticale
1. _____	_____	_____
2. _____	_____	_____
3. _____	_____	_____
4. _____	_____	_____
5. _____	_____	_____
6. _____	_____	_____

B Complétez les phrases suivantes avec le pronom relatif approprié.

(6 × 1 = 6 points)

1. Voici le banc près *duquel* j'ai dû perdre ma bague.

2. Je ne connais pas les gens chez _____ tu as dîné.

3. Je ne comprends pas *ce qu'* il parle.

4. C'est exactement *ce que* je voulais dire.

5. Connais-tu l'employé *qui* on vient d'engager?

6. L'étudiant _____ il était le professeur a reçu une bourse.

132 PRATIQUE DE LA GRAMMAIRE

C **Reliez les deux phrases par un pronom relatif de manière à obtenir une seule phrase.** *(4 × 2 = 8 points)*

1. Il y a une exposition de peintres italiens. Je voudrais aller la voir demain.

   Il y a une exposition de peintres italiens que je voudrais voir demain.

2. À la soirée des Dupont, il y avait beaucoup de gens. Je ne les connaissais pas.

   À la soirée du Dupont, il y avait beaucoup de gens que je ne connaissais pas.

3. Je lui ai écrit une lettre d'excuse. On la lira ensemble avant de l'envoyer.

   Je lui ai écrit une lettre d'excuse qu'on lira ensemble avant de l'employer

4. C'est un plat mexicain. Il est facile à préparer.

   C'est un plat mexicain qui est facile à préparer

D **Vous êtes douanier. Posez à un touriste des questions afin d'obtenir les informations suivantes.** *(4 × 2 = 8 points)*

1. nom *Quel est votre nom*

2. destination *Où vas-tu?*

3. objet du voyage *Quelle est l'objet de votre voyage*

4. durée du séjour *Quelle est la durée du séjour?*

E **Complétez les phrases suivantes à l'aide d'adjectifs ou de pronoms indéfinis.** *(5 × 1 = 5 points)*

1. Il ne faut pas s'adresser à *n'import qui*

2. *Tout le monde* aura un morceau de gâteau. (Il reste 3 morceaux et 3 personnes.)

3. *Personne* aura un morceau de gâteau. (Il ne reste plus de gâteau.)

4. Elle était contente car *tout le monde* est venu à la fête.

5. Ce monsieur est *quelqu'un* de bien.

F **Complétez les phrases suivantes avec** *ce qui, ce que, ceux qui, ceux que* **ou** *ce qu'il.* *(5 × 1 = 5 points)*

1. Tu sais *ce qui* me ferait plaisir? Une semaine en Floride!

2. Je ne sais pas *ce qu'il* faut faire pour régler ce problème.

3. Il ne reconnaît jamais ses torts, *ce qui* est grave, à mon avis.

4. Je crois que c'est tout *ce que* j'avais à vous dire.

5. De tous ces pantalons, je préfère *ceux qui* n'ont pas de revers.

(réponses, p. 154)

Résultat du test
$\dfrac{}{50} \times 2 = \dfrac{}{100}$

Diagnostique

exercice

1 **Différents temps, différents modes** *(réponses, p. 154)*

Mettez les verbes entre parenthèses au mode et au temps qui conviennent. (Attention: les verbes ne sont pas tous à mettre au subjonctif!)

a. Je vous préviendrai dès que je (recevoir) *vient/na vau* les informations.

b. J'espère que vous (comprendre) *comprunire* mes raisons.

c. Si tu mets tes lunettes, tu (voir) *voira* mieux.

d. Il est peu probable qu'il (venir) *vienne* demain.

e. Je ne pense pas que Paul (comprendre) *comprenne* la situation.

f. J'aimerais que mon travail (être) *soit* plus varié.

g. Tu peux sortir avec Marc à condition que vous nous (dire) *disiez* où vous allez.

h. Bien qu'il (pleuvoir) *pleuve*, je préfère rentrer à pied.

i. (Vivre) *Vive* le Canada!

j. J'ai donné de l'argent à ma sœur pour qu'elle (pouvoir) *puisse* aller au cinéma et qu'elle me (laisser) *lasse* tranquille.

k. Luc nous a téléphoné hier soir pour nous dire qu'il (être) *était* malade et qu'il ne (pouvoir) *pouvait* pas aller chez les Dupont.

l. Plus je connais les hommes, plus j'(aimer) *j'aime* mon chien, (dire) *a dit* le philosophe Diogène.

exercice

2 **Révision des temps du passé** *(réponses, p. 154)*

Relevez les verbes utilisés au passé (imparfait, passé composé) et justifiez l'emploi de ces temps dans le récit au passé.

Je (**a**) suis née à Oyio, dans le plus puissant des royaumes Yorubas. Mon père (**b**) avait d'importantes fonctions à la cour puisqu'il (**c**) était un sorcier chargé des récitations des généalogies royales. Nous (**d**) habitions au palais. Puis, un jour, victime des querelles, des intrigues d'ennemis, mon père (**e**) a été destitué de ses fonctions. Notre famille (**f**) a été dispersée. Je ne sais pas ce que (**g**) sont devenus mes frères, mes sœurs. Moi, j'(**h**) ai été vendue et emmenée au fort de Gorée. Peux-tu imaginer ma douleur? Alors, dans ce fort abominable, je ne (**i**) cessais de pleurer. Je (**j**) souhaitais mourir. Mais un homme (**k**) est apparu. Il (**l**) était grand, fort. Il (**m**) portait à l'épaule un sac d'oranges. Il m'en (**n**) a offert une et c'(**o**) était comme si le soleil réapparaissait dans le ciel.

—Tiré de *Ségou* de Maryse Condé, Éditions Robert Laffont.

	verbe	temps	justification
a.	_____	_____	_____
b.	_____	_____	_____
c.	_____	_____	_____
d.	_____	_____	_____
e.	_____	_____	_____
f.	_____	_____	_____
g.	_____	_____	_____
h.	_____	_____	_____
i.	_____	_____	_____
j.	_____	_____	_____
k.	_____	_____	_____
l.	_____	_____	_____
m.	_____	_____	_____
n.	_____	_____	_____
o.	_____	_____	_____

Grammaire

LA FORMATION DU SUBJONCTIF PRÉSENT

1. Le subjonctif présent se forme à partir du radical de la troisième personne du pluriel du présent de l'indicatif, auquel on ajoute les terminaisons *-e, -es, -e, -ions, -iez, -ent.*

Verbe	Présent de l'indicatif	Subjonctif présent
parler	elles **parl**ent	parl**e**, parl**es**, parl**e**, parl**ions**, parl**iez**, parl**ent**
partir	elles **part**ent	part**e**, part**es**, part**e**, part**ions**, part**iez**, part**ent**
mettre	elles **mett**ent	mett**e**, mett**es**, mett**e**, mett**ions**, mett**iez**, mett**ent**

2. Lorsque les deux premières personnes du pluriel ont un radical différent de celui de la troisième personne du pluriel au présent de l'indicatif, ils conservent cette différence au présent du subjonctif.

Verbe	Présent de l'indicatif	Subjonctif présent
boire	**bu**vons, **boi**vent	**boi**ve, **boi**ves, **boi**ve, **buv**ions, **buv**iez, **boi**vent

3. Certains verbes ont des subjonctifs irréguliers.

	Être	Avoir	Aller	Faire	Pouvoir	Savoir
je	sois	aie	aille	fasse	puisse	sache
tu	sois	aies	ailles	fasses	puisses	saches
elle/il/on	soit	ait	aille	fasse	puisse	sache
nous	soyons	ayons	allions	fassions	puissions	sachions
vous	soyez	ayez	alliez	fassiez	puissiez	sachiez
elles/ils	soient	aient	aillent	fassent	puissent	sachent

LA FORMATION DU SUBJONCTIF PASSÉ

Le subjonctif passé est formé du présent du subjonctif de l'auxiliaire *être* ou *avoir* + le participe passé.

Exemple: *Il faut que j'**aie fini**.*

Les règles concernant le choix de l'auxiliaire et l'accord du participe passé sont les mêmes que celles présentées pour le passé composé (voir chapitre 5).

Exemple: *Il faut que **nous** soyons part**is** avant son retour.*

L'EMPLOI DU SUBJONCTIF

1. Le subjonctif français est un mode subjectif qui présente les faits non pas d'une manière rationnelle comme le fait l'indicatif, mais d'une manière personnelle ou affective.

2. Le subjonctif français n'a pas vraiment d'équivalent en anglais. Donc l'emploi du subjonctif français présente de sérieuses difficultés aux étudiants anglophones. Les étudiants dont la langue maternelle est une langue romane (espagnol, italien) ont beaucoup moins de peine à utiliser le subjonctif puisque ce mode est fréquemment utilisé dans leur langue maternelle, langue dérivée du latin comme le français.

3. Le subjonctif est obligatoire après certaines conjonctions et certains verbes impersonnels.

   a. les conjonctions subjonctives

Idée exprimée	Conjonctions	Exemple
but	pour que afin que de sorte que de manière que	Je te prête mes notes de cours pour que tu puisses étudier.
crainte	de peur que de crainte que	Sa mère fait tout ce qu'il veut de peur qu'il (ne) se mette en colère.
condition	pourvu que à condition que	J'irai chez les Dupont à condition que tu viennes avec moi.
attente	jusqu'à ce que en attendant que avant que	J'ai attendu trois heures jusqu'à ce qu'il ait fini son travail.
restriction	bien que à moins que	Il réussit à ses examens bien qu'il ne travaille pas beaucoup.

sans que

b. verbes impersonnels

On emploie le subjonctif après les verbes impersonnels exprimant une idée de doute, de volonté et de sentiment:

il faut que

il est temps que

il vaut mieux que

il est important que

il est possible que

il est rare que

Il faut que nous mettions la maison en ordre avant son retour.

4. D'habitude les verbes *objectifs* sont suivis de l'indicatif, les verbes *subjectifs* sont suivis du subjonctif.

a. verbes objectifs et subjectifs

verbes objectifs	*verbes subjectifs*
Je **constate** qu'il part.	Je **souhaite** qu'il parte.
Je **remarque** qu'il part.	Je **désire** qu'il parte.
J'**observe** qu'il part.	J'**aimerais** qu'il parte.
Je **crois** qu'il part.	J'**ai peur** qu'il parte.
Je **pense** qu'il part.	Je **crains** qu'il parte.
Je **suppose** qu'il part.	Je **regrette** qu'il parte.
J'**affirme** qu'il partira.	Je **veux** qu'il parte.
Je **dis** qu'il partira.	J'**ordonne** qu'il parte.
Je **déclare** qu'il partira.	J'**exige** qu'il parte.

b. verbes objectifs à la forme négative et interrogative

Les verbes objectifs employés à la forme négative ou interrogative deviennent des verbes subjectifs exprimant une idée de doute et sont donc suivis du subjonctif.

Je crois qu'il viendra demain.

⟶ *Je ne crois pas qu'il **vienne** demain.*

⟶ *Crois-tu qu'il **vienne** demain?*

L'EMPLOI DES TEMPS DU SUBJONCTIF

1. Le français standard contemporain n'utilise que deux des quatre temps du subjonctif: le présent et le passé.

2. Le présent du subjonctif correspond au présent et au futur simple de l'indicatif.

*J'aimerais qu'il **vienne** ce matin.*

*J'aimerais qu'il **vienne** la semaine prochaine.*

3. Le passé du subjonctif indique que l'action a eu lieu antérieurement.

*Je doute qu'elle **soit partie** hier.*

Textes

A   RÉVISION DES TEMPS VERBAUX

M. Moreau, Lucienne, sa femme et leur fille Madeleine recontrent un voisin, Monsieur Duxin.

M. Moreau et M. Duxin étaient fâchés mais les choses ont changé.

Vous remarquerez l'emploi du *tu* et du *vous* de politesse dans cette conversation.

UNE CONVERSATION ANIMÉE

Moreau:	Tiens, vous êtes ensemble…
Lucienne (à Moreau):	Te voilà enfin. Ce n'est pas malheureux après m'avoir abandonnée tout un après-midi. Couvrez-vous donc, Monsieur Duxin.
Moreau:	J'ai passé mon temps à vous chercher, Madeleine et toi.
Lucienne:	Ainsi tu n'étais même pas avec Madeleine?
Madeleine:	Je viens de retrouver papa, il y a dix minutes.
Lucienne:	De mieux en mieux. Ai-je été assez ridicule, moi qui arrêtais tout le monde pour savoir si l'on avait vu mon mari. Encore une fois, monsieur Duxin, je vous demande pardon.

Duxin:	Il n'y a pas de quoi, madame Moreau.
Moreau:	Voyons, Lucienne, je ne me suis pourtant pas caché. Je suis passé plusieurs fois dans cette allée. M. Duxin m'a vu.
Lucienne:	Naturellement, M. Duxin ne dira pas le contraire.
Moreau:	Il faut bien que M. Duxin m'ait vu, puisque nous nous sommes réconciliés.
Lucienne:	Comment? (À Duxin) Mais vous ne m'aviez pas dit…
Madeleine:	Réconciliés? Ah! tant mieux…
Moreau:	Vous pouvez remercier M. Duxin. Sans lui, je serais peut-être à l'hôpital. Figurez-vous que j'ai été attaqué par un sale individu qui traînait des revolvers dans sa poche. Heureusement, M. Duxin est intervenu avec une vigueur…
Lucienne:	Oh! oui… M. Duxin est fort.
Moreau:	S'il est fort! Je crois bien! (Il frappe sur l'épaule de Duxin). C'est qu'il est bâti en athlète, tout en muscles, avec des biceps comme mes cuisses!
Lucienne:	Tais-toi, Moreau, tu es ridicule…

—Tiré de *Lucienne et le boucher* de Marcel Aymé, Éditions Grasset.

petit lexique

allée (*f*)	*path*
cuisse (*f*)	*thigh*
sale type (*m*)	*nasty character*
vigueur (*f*)	*strength*

EXPLOITATION

1. Relevez les verbes contenus dans l'extrait et indiquez la forme infinitive de chacun d'entre eux ainsi que le temps et le mode auxquels ils sont conjugués.

2. Justifiez l'emploi du passé composé et de l'imparfait dans ce texte….

3. Justifiez l'emploi du subjonctif («Il faut bien que M. Duxin m'ait vu…») et du conditionnel («Je serais peut-être à l'hôpital… »).

4. Rédigez un court dialogue entre un mari et sa femme en utilisant les verbes à différents temps et modes.

PETITE POMME

Encore enfant, je devinais que ce sourire très singulier représentait pour chaque femme une étrange petite victoire. Oui, une éphémère revanche sur les espoirs déçus, sur la grossièreté des hommes, sur la rareté des choses belles et vraies de ce monde. Si j'avais su le dire, à l'époque, j'aurais appelé cette façon de sourire «féminité»... Mais ma langue était alors trop concrète. Je me contentais d'examiner, dans nos albums de photos, les visages féminins et de retrouver de reflet de beauté sur certains d'entre eux.

Car ces femmes savaient que pour être belles, il fallait, quelques secondes avant que le flash ne les aveugle, prononcer ces mystérieuses syllabes françaises dont peu connaissaient le sens: «pe-tite — pomme...» Comme par enchantement, la bouche, au lieu de s'étirer dans une béatitude enjouée ou de se crisper dans un rictus anxieux, formait ce gracieux arrondi. Le visage tout entier en demeurait transfiguré. Les sourcils s'arquaient légèrement, l'ovale des joues s'allongeait.

—Tiré de *Le Testament français* de Andrei Makine, Éditions du Mercure de France.

petit lexique

s'arquer	*to curve*
se crisper	*to get tense*
grossièreté (*f*)	*rudeness*
joue (*f*)	*cheek*
revanche (*f*)	*revenge*
s'étirer	*to stretch*
sourcil (*m*)	*eyebrow*

EXPLOITATION

1. Justifiez l'emploi de l'imparfait de l'indicatif.

2. «Si j'avais su le dire, j'aurais appelé...»: justifiez l'emploi du conditionnel.

3. En vous servant du texte étudié comme modèle, rédigez un paragraphe indiquant une manière ancienne de faire certaines choses.

CHEZ LE MÉDECIN VÉTÉRINAIRE

—Bonjour, docteur, mon chien est malade.

—Oh, pauvre bête, depuis quand est-il malade?

—Il est malade, ou, plutôt, il est blessé depuis que je l'ai jeté par la fenêtre; il s'est froissé une côte, il s'en est cassé deux ainsi qu'une patte.

—Ne vous doutiez-vous pas qu'il se ferait du mal en tombant?

—Je ne m'en doutais absolument pas. Je croyais, depuis toujours, que les chiens étaient souples comme des chats et que mon chien retomberait sur ses pattes, sans s'en casser aucune. Si j'avais su qu'il se serait fait du mal, j'aurais réfléchi avant de le jeter par la fenêtre. J'aurais mis, dans la cour, un filet comme les acrobates en utilisent au cirque. Ainsi Médor ne se serait pas fait du mal en tombant.

—Vous auriez mieux fait de ne pas en mettre du tout et de ne pas jeter votre chien par la fenêtre. [...]

—J'en conviens, docteur, si j'avais su... Je crains que ce ne soit trop tard. Pourvu que vous puissiez le guérir. Pourriez-vous faire quelque chose pour les côtes de mon chien?

—Je pense qu'il est possible que j'en guérisse deux, que j'en raccommode une autre, [...] que j'en remplace trois, et pour les autres, je m'emploierai de mon mieux.

—Vous me feriez un si grand plaisir. [...] Pensez-vous qu'il soit possible que vous le guérissiez? [...] Il faut que vous fassiez de votre mieux, docteur, je vous en prie.

—Revenez me voir dans un mois.

> —Tiré d'*Exercices de conversation et de diction françaises pour étudiants américains* d'Eugène Ionesco, Éditions Gallimard.

petit lexique

convenir (de)	*to acknowledge*
côte (*f*)	*rib*
filet (*m*)	*net*
guérir	*to cure*
patte (*f*)	*leg (of an animal)*
raccommoder	*to mend*

1. Relevez les verbes contenus dans le dialogue. Analysez chacun d'eux: forme infinitive, temps, mode.

2. Dans la phrase «Si j'avais su qu'il se serait fait du mal, j'aurais réfléchi…», justifiez l'emploi du conditionnel passé. Dans la phrase «Pourriez-vous faire quelque chose pour les côtes de mon chien?», justifiez l'emploi du conditionnel présent.

3. Dans les segments de phrase «Je crains que ce ne soit trop tard», «il est possible que j'en guérisse deux» et «Pensez-vous qu'il soit possible que vous le guérissiez?», justifiez l'emploi du subjonctif.

D RÉVISION DES TEMPS VERBAUX

LES INUIT ET LA CHASSE À LA BALEINE

En ce petit matin idyllique du 13 août 1996, 13 hommes des quatre coins du Nunavut s'embarquent enfin. Sous le ciel immense, sur la mer sans fin, ils larguent les amarres vers une ère nouvelle. La tradition aurait voulu que les équipages soient formés de membres d'une même communauté, chacun connaissant les forces et les faiblesses de ses compagnons; les pêcheurs ont plutôt été désignés par les organisations politiques des trois régions du Nunavut. Arrivés à Repulse Bay, par avion ou par bateau, la plupart viennent de faire connaissance.

Le plus jeune, Moses Ikkidhuaq, a 18 ans: timide habitant de Kimmirut, il représente les pêcheurs de demain. L'aîné, Abraham Tagornak, 72 ans, de Repulse Bay, sera le capitaine. Dans sa jeunesse, il a pêché la baleine boréale à bord d'un *umiaq*, une embarcation recouverte de peau de phoque, guidé par sa seule connaissance de la mer. «Si je pouvais faire un vœu, dira-t-il dans sa langue, ce serait de partir en *umiaq*, avec les mêmes harpons qu'autrefois, sans fusils». Tant pis pour la tradition: on utilisera quatre puissants hors-bord.

—Tiré de *L'actualité*, juin 1998.

petit lexique

baleine (*f*)	*whale*
harpon (*m*)	*harpoon*
larguer (les amarres)	*to cast off*
phoque (*m*)	*seal*
vœu (*m*)	*wish*

1. Quels sont les modes et les temps employés dans cet extrait?

2. Justifiez l'emploi du présent de l'indicatif dans ce récit passé.

3. «Si je pouvais faire un vœu, ce serait de partir…»: justifiez l'emploi du conditionnel.

4. Rédigez un paragraphe: récit d'une aventure de pêche, d'une expérience de «camping sauvage», d'une excursion en foret…

Exercices complémentaires

exercice

1 Indications

(réponses, p. 154)

Une personne attend à la banque devant le distributeur automatique. Elle ne connaît pas le fonctionnement de la machine. Vous le lui expliquez. Utilisez l'expression *il faut que* avec les verbes ci-dessous.

a. insérer votre carte *Il faut que vous insériez*

b. composer votre code personnel *Il faut que vous composiez*

c. choisir une opération *Il faut que vous choisiez*

d. indiquer le montant d'argent désiré *Il faut que vous indiquiez*

e. retirer l'argent *Il faut que vous retiriez*

f. reprendre votre carte *Il faut que vous repreniez*

exercice

2 Opinions

(réponses, p. 154)

Vous assistez à un match de tennis avec votre ami Pierre. Terminez les répliques de Pierre.

a. Vous: Je pense que ce sera un match passionnant.

   Pierre: Moi, je ne pense pas que ce que _____

b. Vous: André Agassi va gagner facilement.

   Pierre: Moi, je ne suis pas si sûr qu'il_____

c. Vous: Son adversaire est un bon joueur?

   Pierre: Oui, je crois qu'il _____

d. Vous: Le match est retransmis à la télévision?

   Pierre: Je ne suis pas certain que ce_____

e. Vous: L'arbitre principal est anglais?

   Pierre: Non, on a annoncé qu'il _____

f. Vous: Le stade est plein.

   Pierre: Ce n'est pas surprenant que ce _____

3 Subjonctif présent ou subjonctif passé?

(réponses, p. 154)

Mettez les verbes entre parenthèses au subjonctif présent ou au subjonctif passé selon le contexte.

a. Je souhaiterais qu'elle (aller) _____ *aille* _____ le voir.

b. Pierre doute que ses parents (partir) *soient déjà parties* déjà.

c. Faut-il que nous (prendre) _____ *prenions* _____ le métro ou l'autobus?

d. Ses parents sont désolés qu'elle (rompre) _____ *ait rompu* _____ avec son fiancé l'été dernier.

e. Est-il nécessaire que nous (emporter) _____ *emportions* _____ un imperméable?

4 Les souhaits de Marie

(réponses suggérées, p. 154)

Complétez le paragraphe B en utilisant les renseignements du paragraphe A.

A La vie de Marie n'est pas facile! Elle trouve que son appartement est trop petit, que son travail est ennuyeux, que son patron est exigeant, que ses collègues sont désagréables, que son salaire est insuffisant. Elle pense aussi que son mari ne l'aide pas suffisamment à la maison, que ses enfants sont insupportables et que sa belle-mère est tyrannique.

B Marie aimerait que les choses changent: elle voudrait que _____

_____

_____

_____

_____

_____

_____

_____

5 Indicatif ou subjonctif?

(réponses, p. 154)

Remplacez la première partie de la phrase par les éléments indiqués et faites les changements nécessaires.

Modèle: *Je crois qu'il fera beau.*   (Il est possible que)

⟶   *Il est possible qu'il fasse beau.*

a. J'espère que tu viendras.

(Je veux que) *tu viennes*

(Il est indispensable que) *tu viennes*

(Elle souhaite que) *tu viennes*

b. Il est possible qu'il soit malade.

(Je pense que) *il est malade*

(Nous supposons que) *il est malade*

(Il est probable que) *il soit malade*

c. Je préfère que vous partiez maintenant.

(Je voudrais que) *vous partiez maintenant*

(Il ordonne que) *vous partiez maintenant*

(Il est temps que) *vous partiez maintenant*

d. Je ne pense pas qu'il soit déjà arrivé.

(Je suis certain que) *il est déjà arrivé*

(Il est peu probable que) *il soit déjà arrivé*

(J'espère que) *il est déjà arrivé*

6 Indicatif ou subjonctif? *(réponses, p. 154)*

Transformez les phrases selon l'exemple.

Modèle: *Madame Dupont est contente: son mari lui a offert un manteau de vison.*

⟶ *Madame Dupont est contente que son mari lui ait offert…*

a. Ils sont désespérés: leur fille ne leur donne plus de nouvelles.

_____

b. Il est fou de joie: sa femme vient de donner naissance à des jumeaux.

_____

c. Je suis surpris: les enfants veulent venir en vacances avec nous.

_____

d. Nous sommes déçus: la soirée de samedi dernier a été un véritable échec.

_____

7 Idée exprimé *(réponses, p. 154)*

Choisissez dans la colonne de droite l'idée exprimée dans les phrases de la colonne de gauche. (Vous utiliserez une des idées deux fois.)

Phrase		*Idée exprimée*	
1. Quel dommage qu'elle ne soit pas là!	_____	a.	ordre
2. J'aimerais partir avec toi.	_____	b.	regret
3. Je pense pouvoir la rencontrer à Paris.	_____	c.	certitude
4. J'espère qu'il arrivera bientôt.	_____	d.	probabilité
5. Taisez-vous!	_____	e.	volonté
6. Pourriez-vous fermer la porte?	_____	f.	souhait
7. Je suis sûre qu'il a menti.	_____	g.	politesse
8. Le professeur ne veut pas que les élèves soient en retard.	_____		

8 | Classement

(réponses, p. 154)

Classez les phrases suivantes de 1 à 6 selon le degré de certitude qu'elles expriment. Commencez par le degré de certitude le plus élevé (l).

a. ___2___ Je pense qu'il réussira à ses examens.

b. ___3___ Il est possible qu'il réussisse à ses examens. *subjonc.*
  └ *Vrb impersonnels*

c. ___1___ Je suis convainvue qu'il réussira à ses examens.

d. ___6___ Je doute qu'il puisse réussir à ses examens.

e. ___5___ Il est peu probable qu'il réussisse à ses examens.

f. ___4___ Je ne sais pas s'il réussira à ses examens.

9 | Indicatif ou subjonctif?

(à faire corriger)

Terminez les phrases ci-dessous. Attention: indicatif ou subjonctif?

a. Le premier Ministre a affirmé hier _____

b. Nous regrettons beaucoup que _____

c. Nous sommes contents que _____

d. Ses parents exigent qu'il _____

e. En cette saison, il est rare que _____

f. Il est très probable que Marie _____

De la grammaire à l'écriture

A LE TEMPS: EXPRESSION DE LA DURÉE

L'expression de la durée dans le temps présente une réelle difficulté pour les Anglophones.

a. *il y a* et *dans*

   Il y a… indique un point dans le passé.

   Exemple: *J'ai rencontré Paul il y a six mois.*

   Dans indique un point dans l'avenir.

   Exemple: *Je partirai en Europe dans deux mois.*

b. *Depuis* indique une durée du début jusqu'au moment présent.

   Exemple: *Je vis au Canada depuis dix ans.*

   Il n'a rien mangé depuis deux jours.

c. *Pour* indique une durée prévue.

    Exemple: *J'ai loué un appartement pour deux ans.*

                          Je resterai en Chine pour deux mois.

                          Je suis à Toronto pour deux jours.

d. *Pendant* indique une durée définie.

    Exemple: *Hier, il a neigé pendant six heures.*

                          Chaque jour, ils discutent (discutaient) pendant une heure.

                          Nous serons partis pendant une semaine.

e. *En* indique une durée de réalisation.

    Exemple: *J'ai lu ce roman en une heure.*

                          Je ferai le ménage en une matinée.

                          Je fais la vaisselle en dix minutes.

EXERCICE D'APPLICATION

(réponses, p. 154)

Complétez avec *pendant, dans, en, pour* ou *depuis*.

1. Nous avons fait le tour du Mexique _____ deux mois.

2. Cette semaine, il a plu _____ quatre jours.

3. Nous reviendrons _____ dix jours.

4. Ils sont mariés _____ trente ans et toujours heureux de l'être.

5. Je reviendrai vous voir _____ dix jours.

6. Pouvez-vous faire ce travail _____ une semaine?

B   LES PRÉPOSITIONS ET LES VERBES

    Exemple: *On a commencé notre travail aujourd'hui.*

                          On commence à travailler à huit heures.

                          On finit de travailler à cinq heures.

Le verbe *finir* peut se construire sans préposition ou avec *à* ou avec *de*.

Il est utile de vérifier dans le dictionnaire unilingue la construction des verbes avec ou sans préposition.

a. Les prépositions *à* et *de*.

    Exemple: *J'ai arrêté de travailler.*

                          Je décide de partir en vacances.

                          J'essaierai de faire de mon mieux.

J'hésite à lui demander un service.

Je n'arrive pas à me décider.

Je me suis mis à apprendre le piano.

    b. La préposition *de*

        L'emploi de *de* est fréquent avec les constructions suivies d'adjectifs.

        Exemple: *Je suis content, ravi, enchanté de partir.*

EXERCICE D'APPLICATION

(réponses, p. 154)

Construisez des phrases avec les éléments donnés.

    Modèle: *Je suis en vacances. Je suis heureux.*

    ⟶   *Je suis heureux d'être en vacances.*

1. Je suis invitée chez Pierre. Je suis étonnée.

    _____

2. Je pars en Italie. Je suis décidée.

    _____

3. J'ai reçu deux lettres de Marie. Je suis très surprise.

    _____

4. Je suis puni. Je suis furieux.

    _____

5. J'ai peur. Je le vois.

    _____

6. Je déteste. Je voyage en avion.

    _____

C   LES HOMONYMES

Certaines formes verbales sont identiques ou presque, mais appartiennent à des modes différents.

    1. Indicatif et subjonctif

        j'ai   =   première personne du singulier du verbe *avoir* au présent de l'indicatif

        j'aie   =   première personne du singulier du verbe *avoir* au présent du subjonctif

      nous chantions   =   première personne du pluriel du verbe *chanter* à l'imparfait de l'indicatif et au présent du subjonctif

2. Indicatif et conditionnel

j'aimerai = première personne du singulier du verbe *aimer* au futur de l'indicatif

j'aimerais = première personne du singulier du verbe *aimer* au présent du conditionnel

EXERCICE D'APPLICATION

(réponses, p. 154)

Indiquez le temps et le mode des formes verbales suivantes.

a. Nous attendions l'autobus quand l'accident est arrivé.

b. Il faut que nous attendions notre patron.

c. J'ai beaucoup de travail mais j'aimerais aller me promener.

d. J'aimerai toujours les Beatles.

e. Il faut que j'aie du temps supplémentaire pour finir ce travail.

f. Je n'ai pas envie de sortir ce soir.

A Relevez les verbes du passage suivant et donnez pour chacun d'eux la forme infinitive. Indiquez le temps et le mode de chaque verbe. Ne relevez pas les infinitifs. *(20 × 1 = 20 points)*

— [...] J'étais une vieille fille. Mes parents avaient un peu de bien, et je n'avais jamais travaillé. Je suis venue à Paris, parce que je m'ennuyais tout seule dans notre grande maison. Je connaissais à peine Albert. [...] Je suis allée le voir [...]

Si vous saviez comme je l'ai aimé! Je ne lui demandais pas qu'il m'aime, vous comprenez? Je sais bien que cela aurait été impossible. Mais il me l'a fait croire. Et je faisais semblant de la croire, pour qu'il soit content. Nous étions heureux, monsieur le commissaire. Je suis sûre qu'il était heureux.

—Tiré de *Maigret et son mort* de Georges Simenon.

verbe	temps/mode du verbe		verbe	temps/mode du verbe
1. _____	_____	11. _____	_____
2. _____	_____	12. _____	_____
3. _____	_____	13. _____	_____
4. _____	_____	14. _____	_____
5. _____	_____	15. _____	_____
6. _____	_____	16. _____	_____
7. _____	_____	17. _____	_____
8. _____	_____	18. _____	_____
9. _____	_____	19. _____	_____
10. _____	_____	20. _____	_____

B Mettez les verbes entre parenthèses au mode et au temps qui conviennent.   *(15 × 2 = 30 points)*

1. Nous serons soulagés si cette dispute entre Pierre et Marie (finir) _____ bientôt.

2. Nous (venir) _____ si nous avions été prévenus.

3. J'accepte ce poste au Japon à condition que ma famille (pouvoir) _____ m'accompagner.

4. Il fait très froid: vous ne (devoir) _____ pas sortir sans manteau.

5. Crois-tu qu'il (être) _____ vraiment coupable?

6. Nos parents voudraient que nous (terminer) _____ nos études le plus rapidement possible.

7. Il fait trop froid pour qu'on (pouvoir) _____ dîner dehors.

8. Elle est partie sans qu'on (savoir) _____ pourquoi.

9. Je parlerai lentement pour que vous (comprendre) _____ toutes mes explications.

10. Je crois que Paul et Suzy (avoir) _____ l'intention de se marier.

11. Il aimerait que sa fille (poursuivre) _____ ses études.

12. Je suis sûr que les enfants (être) _____ contents de vous revoir.

13. Son mari fait tout pour qu'elle (être) _____ contente mais je doute fort qu'il (réussir) _____.

14. Je ne pense pas que cela (être) _____ possible.

(réponses, p. 154)

Résultat du test

$$\frac{\_\_\_}{50} \times 2 = \frac{\_\_\_}{100}$$

Réponses

AUX QUESTIONS

Chapitre 1

Diagnostique

1. a. entrent
   b. a
   c. est
   d. se sépare
   e. sont
   f. contribue
   g. affichent
   h. donnent
   i. paie/paye
   j. sont
   k. dit
   l. veulent
   m. est
   n. emploie
   o. se sert

2. a. Range ta chambre!
   b. Fait ton lit!
   c. Dépêche-toi!
   d. Va promener le chien!
   e. N'oublie pas de poster la lettre!
   f. Mets ton chandail de laine!
   g. Rapporte du lait!
   h. Nettoie la salle de bain!
   i. Arrête de regarder la télévision!
   j. Occupe-toi de ton petit frère!
   k. Descends les livres au sous-sol!
   l. Toi et ton frère, taisez-vous!
   m. Finis tes devoirs!
   n. Toi et ta sœur, cessez de vous disputer!
   o. Essaie d'être de meilleure humeur!

Exercices complémentaires

1. a. Qui dort dîne.
   b. L'argent ne fait pas le bonheur.
   c. Pierre qui roule n'amasse pas mousse.
   d. Qui aime bien châtie bien.
   e. Qui veut la fin veut les moyens.
   f. N'éveillez pas le chat qui dort.
   g. Les chiens aboient, la caravane passe.
   h. Quand on veut noyer son chien, on dit qu'il a la rage.
   Les proverbes emploient le présent absolu.
2. a. Veuillez fermer la porte.
   b. Veuillez la remercier d'être venue.
   c. Veuillez rédiger cette lettre

au plus vite.
   d. Veuillez envoyer une copie à la directrice.
   e. Veuillez signer de ma part.
   f. Veuillez m'apporter un verre d'eau.

Test

A 1. se réveiller
   2. pleuvoir
   3. être
   4. être
   5. être
   6. pouvoir
   7. se battre
   8. avoir
   9. descendre
   10. passer
   11. faire
   12. aller
   13. sembler
   14. avoir
   15. être
   16. annoncer
B 1. aller
   2. poser
   3. jeter
   4. croire
   5. lever
   6. proposer
   7. détourner
   8. se détromper
   9. aller
C 1. a
   2. font
   3. veulent
   4. essaie/essaye
   5. décourage
   6. vas
   7. est
   8. laisse
   9. ai
   10. conteste
D 1. Repose-toi.
   2. Dépêchez-vous
   3. sois
   4. Partons.
   5. te tracasse.
E 1. sujet=Cette femme; verbe=paraît; attribut=déterminée
2. sujet=Elle; verbe=deviendra; attribut=célèbre
F 1. À, a; 2. on; 3. ont

Chapitre 2

Diagnostique

1. a. La mère
   b. ma belle-sœur
   c. musicienne
   d. ma cousine germaine
   e. sculpteur ou femme

sculpteur
   f. Ma belle-mère
   g. une femme fascinante
   h. Elle est maire (mairesse existe mais désigne «la femme du maire»)
   i. poétesse
   j. ma femme
   k. mes enfants
   l. Ma fille aînée
   m. docteur ou doctoresse
   n. la plus jeune
   o. architecte
2. a. une; b. Cette; c. ses; d. un; e. son; f. Ce; g. les; h. de; i. Ses; j. son; k. les; l. les; m. Cet; n. au; o. les

Exercices complémentaires

1. a. la; b. le; c. le; d. la; e. le; f. la; g. le; h. l' (f); i. le; j. le
2. a. une; b. un; c. un; d. un; e. un; f. un
3. a. aux; b. le; c. des; d. des; e. les; f. le; g. la; h. un; i. les; j. les; k. Le; l. Un; m. d'; n. les; o. une; p. le
4. a. son grand-père
   b. sa cousine germaine
   c. son cousin germain
   d. sa petite-fille
   e. sa tante
   f. ses beaux-parents
   g. sa belle-sœur
   h. son frère
5. a. masseuse
   b. actrice
   c. maîtresse
   d. chef
   e. comtesse
   f. rédactrice
   g. jumelle
   h. assistante
6. a. gâteaux
   b. neveux
   c. puits
   d. bals
   e. chapeaux
   f. feux
   g. bijoux
   h. trous
   i. chevaux
   j. travaux
7. a. Je n'ai pas de parents qui habitent au Québec.
   b. Dans mon jardin, je n'ai pas planté de tulipes.
   c. Nous n'avons pas acheté de magazines pour lire dans l'avion.
   d. Il n'utilise pas d'huile d'olive pour préparer la sauce.

8. a. des; b. –; c. –, la; d. un, du; e. la, aux; f. –, –;
   g. au, un; h. le, de la; i. Le; j. Le, en/à, aux
9. a. ce; b. vos; c. ces; d. vos; e. ton; f. cette
10. des jumelles; l'appareil de télévision; l'ordinateur; le collier de perles; de la vaisselle; la bague de fiançailles; une moto; le train électrique; un blouson de cuir; le manteau en vison; de l'argenterie
11. L'Espagne; le Mexique; La Corse et les Baléares; Le Danemark; la Suède

De la grammaire à l'écriture

2. C.1.
4. Où, est-elle, allée -- oublié, porte-monnaie -- rencontré, belle-sœur -- même à, tête -- Noël, fête, préférons
5. a. maçon; d. aperçu; e. avançait

Test

A 1. architecte
   2. chanteuse
   3. avocate
   4. directrice
   5. aviatrice
   6. professeur (ou professeure au Québec)
   7. élève
   8. auteur ou auteure
B 1. vitraux
   2. récitals
   3. oiseaux
   4. locaux
   5. genoux
   6. voix
   7. cheveux
   8. oncles
C 1. du; 2. du; 3. de la; 4. des; 5. des; 6. des; 7. un; 8. le; 9. le; 10. les; 11. les; 12. des; 13. une; 14. une; 15. une; 16. des; 17. des; 18. de l'; 19. un; 20. d'
D 1. la; 2. la; 3. la; 4. la; 5. Le; 6. de; 7. un; 8. Le; 9. une; 10. un
E 1. de; 2. d'; 3. de; 4. des
F 1. sujet: Elle
      verbe: prend
      c.o.d.: l'autobus
   2. sujet: Jacques
      verbe: parle
      c.o.i.: à sa patronne
G 1. son; 2. sont; 3. ces; 4. ses

Chapitre 3

Diagnostique

1.
   a. intéressante
   b. curieux
   c. étroites
   d. vieille
   e. nombreuses
   f. réputés
   g. originaux
   h. petites
   i. délicieuse
   j. romantique
2.
   a. une maison blanche
   b. un bel animal
   c. des examens finals
   d. des cheveux blonds
   e. des étudiants canadiens
   f. un vieil avion
   g. un spectacle magnifique
   h. une grosse poire
   i. des gens intelligents
   j. une ville industrielle
3.
   a. lentement
   b. facilement
   c. prudemment
   d. joliment
   e. gracieusement
4.
   a. meilleure
   b. mieux
   c. plus
   d. aussi
   e. moins bien

Exercices complémentaires

1. à faire corriger
2.
   a. un bel enfant intelligent ou un enfant beau et intelligent
   b. un étroit chemin rocailleux ou un chemin étroit et rocailleux
   c. une belle petite voiture
   d. un célèbre peintre canadien
   e. un grand garçon bien élevé
3.
   a. un repas sans viande
   b. un repas peu abondant
   c. un personnage qui a l'air malheureux
   d. un personnage pas recommendable
   e. un ami âgé
   f. un ami qu'on connaît depuis longtemps
   g. autrefois c'était un château
   h. un château construit il y a longtemps
4.
   a. La mère de Pierre est blonde et frisée.
   b. La sœur de Laure est grande et bronzée.
   c. La patronne de Marie est agressive et exigeante.
   d. une viande fraîche
   e. une robe bleu ciel
   f. une armoire ancienne
5.
   a. lentement
   b. prudemment
   c. élégamment
   d. patiemment
   e. doucement
   f. rapidement
6.
   a. bons, bien
   b. bonne
   c. mauvais
   d. bien, mieux
   e. bon, mauvaise
7.
   a. mieux
   b. meilleurs
   c. mieux, le meilleur
   d. meilleur, mieux

   e. meilleurs
8. à faire corriger
9.
   a. Pierre est un enfant nerveux mais un étudiant studieux.
   b. Madame Claude est une femme bavarde mais une gentille voisine.
   c. Catherine est une jeune fille ennuyeuse mais une infirmière dévouée.
   d. Le téléphone portable est un objet pratique mais un appareil souvent inutile.
   e. Le mari d'Isabelle est un bon mari mais un romancier médiocre.
10.
   a. neuves
   b. ancien, ancien
   c. ancien, nouveau
   d. neuf ou nouveau
   e. ancien
   f. grand
11.
   a. bien
   b. mauvais
   c. bons, bien
   d. mal

De la grammaire à l'écriture

C 2.
   a. malgré: préposition
   b. bien que: conjonction
   c. où: pronom relatif et adverbe de lieu
   d. deux: adjectif numéral
   e. leur: adjectif possessif et pronom personnel complément

Voyage dans les Highlands sauvages
   a. tout: adverbe (= complément)
   b. rares: adjectif qualificatif, masculin pluriel, épithète de *habitants*
   c. ces: adjectif démonstratif, masculin pluriel
   d. le: pronom complément d'objet direct, masculin singulier
   e. même: adjectif indéfini
   f. là: adverbe de lieu
   g. pendant: préposition indiquant la durée
   h. a situé: verbe *situer*, transitif direct, troisième personne du singulier du passé composé
   i. dans: préposition indiquant le lieu

Test

A
1. petite, petit
2. glacée, glacé
3. mortes, morts
4. léger, légère
5. immense, immense
6. moelleux, moelleuse
7. blanc, blanche
8. illimité, illimitée
B
1. L'infirmière est compétente.
2. La serveuse est polie.
3. Les filles sont gentilles.
4. La reine est sympathique.
5. Les questions sont idiotes.
6. La rue est étroite.
C
1. une activité sportive épuisante
2. hôtel confortable et pas cher
3. des vêtements démodés et

ridicules
4. une longue barbe grise
5. une grosse pomme verte
D
1. particulièrement
2. élégamment
3. vraiment
4. décemment
5. mieux
6. rapidement
7. malheureusement
8. doucement
E
1. Vous travaillez moins que nous.
2. Jacques est plus fort que Paul.
3. Elle est l'étudiante la plus intelligente de la classe.
4. Je sors moins souvent que ma sœur.
5. Parlez moins fort, s'il vous plaît.
F
1. où
2. ou
3. quelques fois
4. quelquefois

Chapitre 4

Diagnostique

1.
   a. l'; b. les; c. l'; d. eux; e. l'; f. les; g. le; h. lui; i. en; j. la
2.
   a. les, lui; b. en; c. y; d. y; e. en; f. me, lui; g. les, y
3.
   a. toi; b. Moi; c. m'/nous, eux; d. lui; e. soi; f. eux; g. moi, nous; h. vous

Exercices complémentaires

1.
   a. Pierre
   b. fraises
   c. de me téléphoner, à Marie
   d. le résultat des élections
   e. un bon dictionnaire
2. Il lui offre un petit cadeau et lui donne… Il lui remet aussi… Il lui offre un foulard… Il semble très fier de son choix et il lui demande si cela lui plaît. Mais elle n'ose pas dire qu'elle déteste le violet et que cette couleur ne lui va pas… Quels conseils pouvez-vous lui donner?
3.
   a. leurs (adjectif possessif), leur (pronom personnel complément)
   b. leur (adjectif possessif), leurs (adjectif possessif), leur (pronom personnel complément)
   c. leur (pronom personnel complément), leur (pronom personnel complément)
   d. leur (pronom personnel complément), leurs (adjectif possessif)
4.
   a. Il a peur de lui. Il a peur de la manquer.
   b. Il en est capable. Il est capable de le finir.
   c. Tu as envie d'y aller. Tu en as envie.
   d. Elle se souvient d'eux. Elle se souvient d'y être venue.
   e. Nous en avons besoin. Nous avons besoin d'eux.
5.
   a. se (pronom réfléchi)
   b. nous, nous (pronoms compléments)
   c. s' (pronom réfléchi), le (pronom complément)

   d. -vous (pronom réciproque)
   e. lui (pronom disjoint), s' (pronom réciproque)
6.
   a. Il y va avec Isabelle.
   b. Non, elle ne s'y intéresse pas.
   c. Non, elle ne sort pas avec lui.
   d. Non, il y va à pied.
   e. Non, il ne sort pas avec elle.
7. Vous devriez lui offrir des fleurs, l'inviter au restaurant, lui dire des petits mots d'amour, l'emmener aux matchs de hockey et lui faire des scènes de jalousie.
8. a. lui en
   b. l'y inviter
   c. lui en dire
   d. l'y emmener
   e. lui en faire

De la grammaire à l'écriture

B 1. a. article défini, pronom personnel
   b. article défini, pronom personnel, article défini
   c. pronom personnel, article défini
C 2. a. pron. pers. comp., adj. poss.
   b. adj. poss., pron. pers. comp.
   c. pron. pers. comp., adj. poss.
C.3. a. ce, se
   b. Ce, se
   c. Ce, se

1. a. on
   b. a
   c. ont
   d. leur
   e. ou
   f. ces
   g. se
   h. du
   i. où
   j. à

Test

A
1. nous (disjoint)
2. se (réfléchi)
3. On (sujet)
4. il (sujet)
5. se (réfléchi)
6. On (sujet)
7. On (sujet)
8. se (réfléchi)
9. On (sujet)
10. Nous (sujet)
11. Ils (sujet)
12. nous (disjoint)
B.
1. elle; 2. m', 3. en; 4. leur; 5. y, elles; 6. eux; 7. en; 8. eux
C
1. sévère
2. à la soirée des Dupont
3. ton prochain voyage
4. la directrice
D.
1. Leurs, se, leur; 2. Ce, se; 3. la, le; 4. les

Chapitre 5

Diagnostique

1.
   a. a eu
   b. n'avez pas pu
   c. es allé
   d. a descendu
   e. a écrit
   f. sont tombées
   g. se sont mariés

h. ont dormi
i. est parti
j. est sortie
k. avons fait
l. a marché
m. sont descendus
n. s'est mis
o. est-il venu
2. a. a tourné
b. est devenu
c. se sont animées
d. revenaient
e. ai reconnu
f. pleuraient
g. se laissaient
h. ont déversé
i. avaient
j. ai pensé
k. avaient vu
l. revenaient
m. semblaient
n. riaient
o. paraissaient

Exercices complémentaires

1. a. est devenu
   b. s'est construit
   c. s'est suicidée
   d. a assassiné
   e. a commencé
   f. ont pris
   g. ont manifesté, ont fait
   h. a marché
2. à faire corriger
3. a. est né
   b. a reçu
   c. s'est distingué
   d. a commandé
   e. est revenu
   f. a fait
   g. a permis
   h. est devenu
   i. s'est couronné
   j. est mort
4. 1. d; 2. c; 3. b; 4. e; 5. a
5. a. montaient sont montés
   b. il se plaignait → il s'est plaint
   c. infligeait → a infligé
   d. apercevait → a aperçu
   e. se précipitait → s'est précipité
   f. s'y asseyait → s'y est assis
   g. apercevais → ai aperçu
   h. se vêtait → s'est vêtu
   i. se trouvait → s'est trouvé
   j. faisait → a fait
   k. fallait → a fallu
6. a. a invités
   b. ne s'en est pas aperçu
   c. avons trouvés
   d. s'est tuée
   e. ne se sont plus parlé
   f. se sont inscrites
   g. s'est cassée
   h. as prêtées
   i. avons ramassés
   j. se sont connus
7. a. Quand il visitait un musée, il prenait des notes.
   b. Lorsqu'elle avait fini son travail, elle se sentait soulagée.
   c. Aussitôt que l'artiste avait terminé son tableau, il l'exposait dans une galerie d'art.
   d. Chaque fois qu'il avait trop bu, il devenait agressif.

De la grammaire à l'écriture

A. 1. a. incapable
       b. incroyable
       c. inhabituel
       d. impur
   2. a. rappeler – appeler de nouveau
       b. rebondir – faire plusieurs bonds
       c. décoller – détacher ou quitter le sol (avion)
       d. reconstruire – contruire de nouveau
       e. dégeler – faire fondre
       f. reprendre – prendre de nouveau ou continuer
       g déranger – déplacer ou perturber
A. 2. b.
3. a. boulette
   b. garçonnet
   c. fourchette
   d. lionceau
   e. maisonnette
   f. tartelette
C. a. plu
   b. dû
   c. plu
   d. du; du

Test

A 1. frapper (action point)
  2. partir (retour en arrière)
  3. être (description)
  4. être (description)
  5. être (description)
  6. être (description)
  7. pouvoir (action point)
  8. dire (action point)
  9. partir (retour en arrière)
  10. coucher (retour en arrière)
B 1. a signé
  2. a proposé
  3. faisait
  4. se sont développées, a dit
  5. n'a jamais obtenu
  6. ne savais pas, était arrivée
  7. a eu, était
  8. a appris, allait, a démissionné
  9. Qn'a pas pu, avait perdu
C 1. achetées
  2. lavé
  3. disputés
  4. maquillée
  5. évanouie
  6. écrit
D 1. dû, du; 2. plu

Chapitre 6

Diagnostique

1. a. se rencontrera
   b. nous regarderons
   c. nous sourirons
   d. nous irons
   e. cachera
   f. arriverons
   g. aura
   h. inviterai
   i. prendrai
   j. dansera
2. a. voudrais
   b. semblerait
   c. pourrait
   d. baisserait
   e. finirais
   f. s'achèterait
   g. devraient
   h. ennuierait
   i. se passerait

j. dirait
3. a. emmènerons (futur simple)
   b. discuterons, viendras (futur simple: actions parallèles reliées par quand)
   c. seras arrivé (futur antérieur: action précédant l'autre dans le futur)
   d. ferai, nettoieras (futur simple: actions simultanées reliées par pendant que)
   e. démissionnerait (conditionnel présent: action non confirmée)
   f. pourriez (conditionnel de politesse)
   g. manges (présent de l'indicatif dans une phrase avec si où le 2e verbe est au futur)
   h. réussiriez (présent du conditionnel puisque la phrase avec si est à l'imparfait)

Exercices complémentaires

1. a. Téléphonez-moi quand vous aurez réfléchi à ma proposition.
   b. Venez me voir quand vous aurez terminé votre travail.
   c. Écrivez-moi quand vous aurez pris votre décision.
2. a. Le candidat de l'opposition aurait remporté majorité…
   b. Il n'y aurait pas de victimes mais d'importants dommages matériels…
   c. Le chef du parti conservateur envisagerait une réduction des impôts…
   d. Les joueurs de hockey auraient décidé de commencer la grève…
   f. Shania Twain ferait une tournée de concerts en Europe…
3. à faire corriger
4. Si tu restes trop longtemps au soleil, tu attraperas des coups de soleil, auras une insolation, tu seras malade, tu resteras dans la chambre d'hôtel, tu ne pourras pas te baigner ni jouer au tennis et tu gâcheras tes vacances.
5. a. j'interdirais
   b. je développerais
   c. j'aménagerais
   d. je construirais
   e. j'augmenterais
6. a. savais, saurais
   b. avais, ferais, conserverais
   c. avais, saurais
   d. sortais, je rentrerais
   e. partais, perdrais
7. a. si je l'avais regardée, j'aurais choisi
   b. si j'y étais allé(e), je serais allé(e) voir
   c. si je les avais rencontré, j'aurais été
   d. si j'en avais fait un, je serais allé(e)
8 a. 1. regret; 2. demande polie; 3. affirmation non confirmée; 4. hypothèse; 5. conseil
   b. à faire corriger
9. à faire corriger

De la grammaire à l'écriture

C. a. si; b. s'y; c. si; d. bien tôt; e. bientôt

Test

A 1. devendra, devenir
  2. aura mis, mettre
  3. annoncera, annoncer
  4. assurera, assurer
  5. aura changé, changer
  6. aura sauvé, sauver
B 1. réussiriez
  2. serait
  3. pouvons
  4. pourrais
  5. voudrais
  6. avais demandé
  7. sera
  8. aurait fait
  9. téléphonerai
  10. ferais
  11. Pourriez
  12. voudrait
C 1. politesse
  2. information non confirmée
  3. conseil
  4. regret
D 1. s'y; 2. bientôt; 3. bien tôt; 4. Si; 5. si; 6. Si

Chapitre 7

Diagnostique

1. a. dont; b. qui c. auquel; d. ce qui; e. Ce dont; f. où; g. dont; h. ce que; i. ce qui; j. laquelle; k. qui; l. dont; m. laquelle/qui; n. qui; o. ce à quoi
2. a. Quelle est votre adresse?/Où habitez-vous?
   b. Quelle était la date de votre départ du Canada?/Quand avez-vous quitté le Canada?
   c. Quelle a été la durée de votre séjour?/Combien de temps avez-vous séjourné à l'étranger?
   d. Quels pays avez-vous visités?
   e. Quel était l'objet de votre voyage?
   f. Quel est le montant de vos achats?
3. a. personne
   b. plusieurs
   c. n'importe quoi
   d. tous, personne
   e. rien
   f. un autre/plusieurs autres
   g. quelque chose
   h. rien

Exercices complémentaires

1. a. qui, b. qui, c. où; d. que; e. que; f. qui; g. qui; h. qui
2. a. La natation est un excellent sport qu'on peut pratiquer en tous temps.
   b. Donne-moi les clés qui sont sur la table du salon.
   c. La patinoire où je vais souvent pendant les vacances est ouverte tout l'été.
   d. J'ai joué au tennis avec Lucie qui est une très bonne joueuse.
   e. Le nouveau professeur de français auquel/à qui j'ai parlé hier est très sympathique.

3. a. ce dont; b. ce qui, ce qui;
        c. ce qui, ce qui; d. ce dont;
        e. ce qu'
4. a. Ma fille a un petit chien
        sans lequel elle ne sort
        jamais.
    b. Marie a deux bonnes amies
        avec lesquelles/avec qui elle
        joue au tennis.
    c. J'ai un nouvel appareil photo
        avec lequel je prends de très
        bonnes photos.
    d. Pierre a réalisé un film pour
        lequel il a obtenu un prix au
        Festival des films du monde
        de Toronto.
5. Quelques questions possibles :
    a. Quels services sont offerts?
        Qui peut obtenir une réduc-
        tion de prix? Quand ce ser-
        vice est-il disponible?
        Combien coûte l'évaluation
        des travaux? Quel est le
        numéro de téléphone?
    b. Où se trouvent les bureaux à
        louer? Quelle est la superfi-
        cie de ces bureaux? Quand
        peut-on téléphoner?
    c. Quelle est la nationalité de
        cet homme? Quel est son
        âge? Que recherche-t-il?
        Quand peut-on téléphoner?
6. Quelques questions possibles:
    Quels sont vos programmes de
    télévision préférés?
    Combien d'heures chaque
    semaine regardez-vous la télévision?
    Lequel de ces journalists
    (X ou Y) trouvez-vous le plus
    intéressant?
    Pourquoi?
    Quelles publicités à la télévision
    vous amusent, vous choquent?
7. a. Non, je n'ai vu personne.
    b. Oui, nous en avons
        plusieurs/beaucoup.
    c. Non merci, je ne veux rien
        manger.
    d. Non, je n'ai rien fait d'in-
        téressant.
8. a. Certaines
    b. Toutes, tous
    c. certains/plusieurs
    d. certains/plusieurs
    e. plusieurs
9. à faire corriger

De la grammaire à l'écriture

A. a. des yeux protubérants
    b. des bénéfices considérables
    c. une grave erreur
    d. un travail considérable
    e. une intense émotion
4. a. Pierre est de santé
        délicate/fragile…
    b. Il est mou/ influençable
        /indécis…
    c. Ses ressources financières
        sont limitées/insuffisantes…

Test

A   1. que, le livre, c.o.d.
    2. dont, Arnaud Bergerol, objet
        de *de*
    3. à qui, Arnaud Bergerol, c.o.i.
    4. où, l'école, complément cir-
        constanciel
    5. qui, le destin, sujet
    6. qu', oncle Gustave, attribut
B   a. 1. duquel; 2. qui/lesquels; 3. ce
        dont; 4. ce que; 5. qu'; 6.
        dont
C   a. 1. Il y a une exposition de
        peintres italiens que je
        voudrais aller voir demain.
    2. À la soirée des Dupont, il y a
        avait beaucoup de gens que
        je ne connaissais pas.
    3. Je lui ai écrit une lettre d'ex-
        cuse qu'on lira ensemble
        avant de l'envoyer.
    4. C'est un plat mexicain qui
        est facile à préparer.
D   1 . Quel est votre nom?/
        Comment vous appelez-
        vous?
    2. Où allez-vous?/Quelle est
        votre destination?
    3. Quel est l'objet de votre
        voyage?
    4. Combien de temps allez-
        vous rester?/Quelle sera la
        durée de votre séjour?
D   1. n'importe qui; 2. Chacun;
        3.Personne; 4. tout le
        monde; 5. quelqu'un
F   1. ce qui; 2. ce qu'il; 3. ce qui;
        4. ce que; 5. ceux qui

Chapitre 8

Diagnostique
1. a. aurai reçu/recevrai
    b. comprenez/comprendrez
    c. verras
    d. vienne
    e. comprenne/ait compris
    f. soit
    g. disiez
    h. pleuve
    i. Vive
    j. puisse, laisse
    k. était, pouvait
    l. aime, a dit
2. a. passé composé, action point
    b. imparfait, action
        ligne/description
    c. imparfait, description/état
    d. imparfait, action
        ligne/description
    e. passé composé, action point
    f. passé composé, action
        point/action liée à l'action
        précédente
    g. passé composé, action point
    h. passé composé, action point
    i. imparfait, action continue
    j. imparfait, état/action
        continue
    k. passé composé, action point
    l. imparfait, description
    m. imparfait, description

    n. passé composé, action point
    o. imparfait, état

Exercices complémentaires
1. a. Il faut que vous insériez
        votre carte.
    b. Il faut que vous composiez
        votre code personnel.
    c. Il faut que vous choisissiez
        une opération.
    d. Il faut que vous indiquiez le
        montant d'argent désirée.
    e. Il faut que vous retiriez
        l'argent.
    f. Il faut que vous repreniez
        votre carte.
2. a. soit passionant
    b. gagne
    c. est bon joueur
    d. soit retransmis
    e. n'tait pas anglais ou est
        allemand/etc.
    f. soit plein
3. a. aille; b. soient déjà partis;
        c. prenions; d. ait rompu;
        e. emportions
4. Réponses suggérées:
    Elle voudrait que son apparte-
    ment soit plus grand, que son tra-
    vail soit plus intéressant, que son
    patron soit moins exigeant, que ses
    collègues soient plus sympathiques,
    que son salaire soit adéquat. Elle
    voudrait que son mari l'aide davan-
    tage à la maison, que ses enfants
    obéissent et que sa belle-mère soit
    gentille avec elle.
5. a. Je veux que tu viennes. Il est
        indispensable que tu
        viennes. Elle souhaite que
        tu viennes.
    b. Je pense qu'il est malade.
        Nous supposons qu'il est
        malade. Il es probable qu'il
        est malade.
    c. Je voudrais que vous partiez.
        Il ordonne que vous partiez.
        Il est temps que vous partiez.
    d. Je suis certain qu'il est déjà
        arrivé. Il est peu probable
        qu'il soit déjà arrivé. J'espère
        qu'il est/sera déjà arrivé.
6. a. Ils sont désespérés que leur
        fille ne leur donne…
    b. Il est fou de joie que sa
        femme ait donné nais-
        sance…
    c. Je suis surpris que les enfants
        veuillent venir…
    d. Nous somme déçus que la
        soirée ait été…
7. 1. b; 2. f; 3. d; 4. f; 5. a; 6. g; 7.
    c; 8. e
8. c – a – b – f – e – d
9. à faire corriger

De la grammaire à l'écriture

A. 1. en; 2. pendant; 3. dans;
    4. depuis; 5. dans; 6. en
B. 1. Je suis étonnée d'être invitée.
    2. Je suis décidée à partir.
    3. Je suis très surprise d'avoir
    reçu…

    4. Je suis furieux d'être puni.
    5. J'ai peur de le voir.
    6. Je déteste voyager en avion.

C. a. imparfait, indicatif; passé-
        composé; indicatif
    b. présent, indicatif; présent,
        subjonctif
    c. présent, indicatif; présent
        du conditionnel, indicatif;
        présent, infinitif, présent,
        infinitif
    d. futur, indicatif
    e. présent, indicatif; présent,
        subjonctif; présent, infinitif
    f. présent, indicatif; présent,
        infinitif

Test

A   1. être, imparfait, indicatif
    2. avoir, imparfait, indicatif
    3. travailler, plus-que-parfait,
        indicatif
    4. venir, passé composé,
        indicatif
    5. s'ennuyer, imparfait, indi-
        catif
    6. connaître, imparfait, indi-
        catif
    7 aller, passé composé, indi-
        catif
    8. savoir, imparfait, indicatif
    9 aimer, passé composé,
        indicatif
    10. demander, imparfait,
        indicatif
    11. aimer, présent, subjonctif
    12. comprendre, présent,
        indicatif
    13. savoir, présent, indicatif
    14. être, passé, conditionnel
    15. faire, passé composé,
        indicatif
    16. faire, imparfait, indicatif
    17. être, présent, subjonctif
    18. être, imparfait, indicatif
    19. être, présent, indicatif
    20. être, imparfait, indicatif
B   1. finit
    2. serions venus
    3. puisse
    4. devriez
    5. soit
    6. terminions
    7. puisse
    8. sache
    9. compreniez
    10. ont
    11. poursuive
    12. sont
    13. soit, réussisse
    14. soit